北京文博

文 丛

二〇二〇年第一辑

北京市文物局　编

北京燕山出版社
BEIJING YANSHAN PRESS

图书在版编目（CIP）数据

北京文博文丛. 2020. 第1辑 / 祁庆国主编. —— 北

京：北京燕山出版社，2020.11

ISBN 978–7–5402–5831–3

Ⅰ.①北⋯ Ⅱ.①祁⋯ Ⅲ.①文物工作–北京–丛刊

②博物馆–工作–北京–丛刊 Ⅳ.①G269.271–55

中国版本图书馆CIP数据核字(2020)第208289号

北京文博文丛·2020·第1辑

出版发行：北京燕山出版社有限公司

社 　址：北京市丰台区东铁匠营苇子坑138号C座

邮 　编：100079

电 　话：86–10–65240430

责任编辑：郭　悦　　任　臻

版式设计：肖　晓

印 　刷：北京兰星球彩色印刷有限公司

开 　本：787mm×1092mm　1/16

印 　张：8

字 　数：181千字

版 　次：2020年11月第1版

印 　次：2020年11月第1次印刷

ISBN 978–7–5402–5831–3

定 　价：48.00元

北京文博

2020年第1辑（总99期）

北京史地

文物研究

主办单位：北京市文物局

编辑出版：《北京文博》编辑部

北京燕山出版社

网址：http://www.bjmuseumnet.org

邮箱：bjwb1995@126.com

目录 | Contents ||||||||||||||||||||||||||||||||||||||||||||||||||||||||||||||||||||||

声 明

主 　编：祁庆国

执行主编：韩建识

编辑部主任：高智伟

本辑编辑：韩建识　陈 倩
　　　　　高智伟　康乃瑶　侯海洋

Beijing Cultural Relics and Museums

No. 1, 2020

Organizer: Beijing Municipal Administration

Bureau of Cultural Heritage

Edited and Published by the Editorial Department

of *Beijing Wenbo*, Beijing Yanshan Press

URL:http://www.bjmuseumnet.org

E-mail: bjwb1995@126.com

目录 | Contents ||||||||||||||||||||||||||||||||||||||||||||||||||||||||||||||||||||||||||||||||||||||

房山云居寺与明清皇室

郭雅楠

房山云居寺位于北京西南郊，始建于隋唐时期，以藏有规模巨大、历史悠久的石刻佛教大藏经——房山石经著称于世。隋大业年间（605—618），幽州智泉寺高僧静琬在白带山发愿镌刻石经，后在山上建造佛堂、僧舍等，形成云居寺早期殿堂。随刻经事业的发展，在白带山下再修寺院，山上建筑则被称为云居上寺。白带山因刊刻、锢藏石经而又被称作石经山、小西天。经历代修建，山下逐步形成三院格局：东云居寺，又称东峪（域）寺、东峪（域）云居寺、东峪观音寺，在白带山以东；西云居寺，又称西峪（域）寺、西峪（域）云居寺，在白带山以西，即今之云居寺；中云居寺，又称中峪（域）云居寺、中峪（域）寺，在西云居寺东南。至清末，只留有西云居寺香火繁盛，云居寺之名遂被西云居寺独享①。

大凡佛道之所兴，都离不开统治者的提倡和弘扬。云居寺与皇家的渊源也是古来有之。隋代静琬刻经初期，得到隋炀帝皇后萧氏及其弟的支持，"施绢千匹及余钱物"②；唐代中期，唐玄宗之妹金仙长公主嘉叹于静琬师徒的事迹，赐云居寺"大唐新旧译经四千余卷"并田园山场，以为刻经所需③；辽代圣宗、兴宗、道宗三位皇帝持续资助刻经事业，为续刻石经提供了稳定的经费来源④。明清时期，虽然刻经规模有所减小，但从留下的各种资料来看，云居寺仍持续得到了统治高层的关注，与皇室保持着不绝如缕的联系。

一、云居寺与明代皇室

明朝诸帝除世宗之外，大都崇奉佛教，对佛教采取了尊崇倡导与约束控制并举的态度。云居寺在明朝的兴衰与朝廷的宗教政策、皇室成员的关注程度密不可分。

（一）明早期朝廷对云居寺的关注与修复

明太祖朱元璋长期寄身佛门的经历，使他比一般帝王对佛教有更真切的认识，同时也更加洞彻佛教对专制统治的益处，因而对之非常推崇。明朝建立后，朱元璋选高僧随侍诸王，鼓励僧人游方问道。洪武二十一年（1388）正月二十一日，随侍燕王朱棣的高僧道衍禅师（即姚广孝）奉旨前去视察云居寺，为静琬开创刻经事业所感，题诗雷音洞，慨叹"如何大业间，得此至人出"⑤。朱棣近臣袁廷玉也曾到访云居寺，留诗《小西天》⑥。云居寺所在房山县与当时都城南京相距甚远，能够受到皇帝亲自下旨视察与朝廷官员的欣欣前往，一方面与明初统治者在各地推崇佛教有关，一方面也足见云居寺地位之高、声名之远。洪武二十六年（1393），朝廷曾拨款对云居寺进行过一次修复⑦，或许和道衍云居寺之行不无关系。

永乐十九年（1421）迁都北京后，北京成为全国的政治、文化中心。成祖提携佛教、优礼僧人，即位之初便授予道衍僧录司左善世等职位，并给予极高规格的礼遇⑧。还曾两次编纂佛教大藏经，并欲"石刻一藏"。《释氏稽古略续集》卷三记载："（成祖）旨刻大藏经板二副：南京一藏，六行十七字；北京一藏，五行十五字。又旨石刻一藏，安置大石洞。向后木的坏了，有石的在。"⑨只是不知为何，"石刻一藏"的计划似乎并没有施行，从后来石经的整理情况来看，藏经洞内并未见到由明代官方刻造的石经遗存。倒是《永乐南藏》《永乐北藏》于后世流传下来。

根据《小西天东峪观音寺重开山碑铭》记载，永乐年间，中天竺（印度）僧人桑渴巴辣任东峪云居寺住持时，对寺庙进行了较大规模的修复，"修造正殿山门，庄严诸相，皆完之道场也"⑩。桑渴巴辣乃中天竺高僧，自幼出家，遍游五天竺，永乐三年（1405）随其师智光来到中国，蒙成祖召见、赏赐，允其随方传教，自在修行。成祖迁都后，桑渴巴辣奉诏来到北京，于内府经厂教授官员们梵语，有不少王公大臣投其门下，削发为僧，又常常偕其师智光为皇家修设秘密斋筵，"或得掌坛，或辅弘宣"，累受赏赐，朝野僧俗见者皆敬重，诸帝"亦皆奖慰隆厚"⑪。可以看出桑渴巴辣在明代宫廷中享有很高的尊崇，他修复东峪云居寺，皇帝还派"镇守涿州等处都指挥同知阶骠骑将军凤阳石端"⑫等人加以协助。桑渴巴辣坐化后，起塔两处葬之，其中一处便在东峪云居寺附近的金香炉山清峰岭上。桑渴巴辣传播的是秘密大乘佛教，自其重修东峪寺后到成化年间，东峪寺住持哩提干资罗及西峪寺住持嗔嗒悉哩都是桑渴巴辣的梵僧弟子，造就了中国佛寺由印度僧人担任住持的特殊史实。

根据文献记载，明代除洪武年间对云居寺修复外，"正统九年又修之"⑬。从以上这些记录来看，云居寺虽非皇家寺院，但在明早期是受到朝廷高度关照的。

（二）明中期云居寺的衰落

明中叶以后，云居寺逐渐衰落，至万历时，"珠林鞠为草莽，金碧化为泥涂"⑭。万历十五年（1587）还发生了住持盗卖石经的事件："照得西域寺塔下有石经刻藏，被住持僧人擅达渔利，深可痛恨。除究革外，仍委房山县曲史督用砖石砌（牢），永不许开发以致损坏。违者该县严行究处，勿得宽纵，故兹刻石禁示。万历十五年四月二十六日奉立。"

住持与僧人监守自盗，引起官府究革，树碑警示。除石经外，琬公塔所在塔院也曾被寺僧卖与当地富豪⑮。云居寺的衰落与明世宗时期对佛教的打击不无关系。世宗崇信道教，对佛教的整顿和限制极其严酷。他停止开度僧人，强令僧尼还俗，严厉限制寺院经济，并下令拆毁、变卖武宗所建的护国禅寺和玄明宫佛殿，拆毁京师私建佛教寺院，明代中期以来的京师大寺也多被拆毁，明代帝王崇奉佛教的势头在世宗朝一度逆转，对北京佛教的打击和抑制十分强烈⑯。云居寺在这样的大环境下自然也困于生存。

（三）万历年间佛舍利的发现与云居寺的重兴

世宗之后，皇室又重新崇奉佛教，尤其是明神宗万历时期，孝定太后笃信佛教，力加护持，促使宫廷佛教恢复昔日盛况，甚至带动京师及周边地区的佛教快速成长⑰。在这样的背景下，一方面，皇室礼重、荣待名僧大德，提高了他们的名望和地位，为其弘法提供了有利的社会政治环境；另一方面，佛教僧徒也主动迎合或结纳于皇室，或依托皇室扩大影响，或为皇室祝禧祈福，以尽"方外臣子"之忠⑱。万历年间，有高僧达观真可发掘出云居寺秘藏一千余年的佛舍利，经慈圣皇太后虔心斋供后回藏，成为轰动一时的佛教界盛事。

达观真可是明末颇具名望的高僧，他与一批热衷传播佛教的僧人和居士发起的刊刻方册大藏（即《嘉兴藏》）之事⑲，在明末佛教复兴中发挥着引领和中坚的作用，得到皇家崇重。万历二十年（1592）五月二十日，达观真可携"侍者道开、如奇，太仆徐琰等"至石经山雷音洞参拜，

图一　隋代静琬大师置青石函

图二　明代慈圣皇太后置大石函

见洞内"像设瘫蔽，石经薄蚀"，于是命东云居寺住持明亮修缮，僧人启开拜石，发现石下有穴，内藏隋大业十二年（616）静琬大师所置青石函（图一），上刻"大隋大业十二年岁次丙子四月丁巳朔八日甲子，于此函内安置佛舍利三粒，愿住持永劫"，内置佛舍利，"如黍米，颜红色，如金刚"，遂将此事上奏于万历皇帝的生母慈圣皇太后，受到内廷高度重视（图二）。《涿州西石经山雷音窟舍利记》记载："太后欣然喜，斋宿三日。六月己丑朔，迎入慈宁宫，供养三日。仍于小金函外加小玉函，玉函复加小金函，方一寸许，坐银函内，以为庄严。出帑银五十两，乃造大石函，总包藏之。于万历二十年壬辰八月戊子朔二十日丁未，复安置石穴。愿住持永劫，生生世世，缘会再

睹。命沙门德清记其事。"⑳佛舍利是重要的佛教法物，云居寺在北方佛教界的名声随之大振。

2019年初，在云居寺东约2公里的三岔村也即东云居寺旧址附近，出土了一块石质牌匾（图三），正题"东云居寺"，右上书"明万历二十年六月望日"，左下落款"钦差提督库藏协理京边马政太仆寺丞华亭徐琰书"。东云居寺的住持明亮及书写这块牌匾的太仆寺丞徐琰同为雷音洞佛舍利的发现者，而万历二十年六月望日，正是舍利被发现还不到一个月的时间。值得注意的是，徐琰是朝廷官员，也是达观真可的俗家弟子，曾与一些职官居士一起撰写过募化资金、创刻方册大藏的劝化性文章，后合成《刻藏缘起》一书㉑。徐琰的伯父徐阶是嘉靖后期至隆庆

图三　"东云居寺"牌匾

初年内阁首辅，也是万历初期内阁首辅张居正的座师，张居正又和慈圣皇太后及其所宠信的太监冯保交好[22]，因而达观真可得皇家崇重，乃至与皇太后建立起联系，也许与徐琰等几位颇有关系。结合上述背景、相关碑文记载及"东云居寺"这块牌匾

图四　董其昌题"宝藏"刻石拓片

的内容，我们或许可以推演出雷音洞佛舍利被发现后的一系列故事：佛舍利被达观真可、徐琰、明亮等人发现后，在徐琰、张居正等人的推动下得以进献慈圣皇太后，之后，与此事相关的人员受到赏赐，云居寺也得到了朝廷的重视，皇帝派遣徐琰为钦差协助修复明中叶以来渐为衰败的东云居寺并题写牌匾；被卖与当地富豪的琬公塔院，也被达观真可与另一高僧憨山德清用慈圣皇太后的供养金及在"中贵杨廷属弟子法灯"的相助下收回[23]，达观真可还特别撰写了《示东西云居寺僧众》[24]一文，重申云居寺戒律，再integral清规。自此，云居寺一改明中叶的衰落景象，又逐渐兴盛起来。

（四）明晚期云居寺石经的续刻

天启、崇祯年间，有吴兴沙门真程劝募京官居士葛一龙、王思任、董其昌等续刻石经，刻造《华严经》《法宝坛经》《宝云经》等十多种。他们集资先在北京石灯庵用小石板刻好佛经，然后送往石经山，在雷音洞左面新开一小洞将所刻经版藏入，出资刻经人之一、明代著名书法家董其昌为藏经洞题写"宝藏"二字。崇祯四年（1631）三月，董其昌好友司爟氏新安许立礼等人游览云居寺及石经山时，将"宝藏"雕刻于一块矩形石板并置于洞额之上（图四）。明末的这一次刻经虽非皇室所为，但也能反映出一些佛教、宫廷和官场的关系。在统治者的推崇下，当时的文人多学习佛教禅学，董其昌的禅学老师便是与皇室颇有渊源、发起募刻方册大藏经的达观真可，而其他刻经资助人多为通过同乡、同年、同僚等渠道联络的各级官员。关于达观真可将雷音洞出土佛舍利进献慈圣皇太后的原因，从时间上看多半是寻求刊刻方册藏的资助，但也不排除是受到石经精神鼓励，想引发皇家对云居寺石经的续刻[25]。而之后方册藏得到资助，石经续刻却未实现，董其昌出资刻经并题写"宝藏"，或许有推崇佛教、了其师父心愿之意也未可知。

（五）明代宫廷宦官与云居寺

明朝时期，宫廷中还有一股力量受佛教影响颇深，那就是宦官。他们虽不是皇室中人，却与宫廷崇佛活动密切相关且普遍信奉佛教，明代房山石经中就有多块为太监捐刻。皇帝、后妃崇佛建寺的各项举措大多由宦官经手，为帝王后妃服务的汉经厂和番经厂均以宦官司掌香火，佛事活动也多由宦官操办[26]。据《顺天府涿州房山县韩吉村香光寺重修缘起碑记》记载，万历二十五年（1597）秋，御马监太监张其"奉命过小西天、上方寺等处饭僧"[27]。小西天即云居寺、石经山一带。

此外，民国《白带山志》卷十中收有嘉靖二十二年（1543）内官监太监杜泰为石经山题诗《东越岩中留题一首》[28]；云居上寺遗址中还出土一块带有"内官监"文字的石碑。内官监是宦官组织的名称，"掌木、石、瓦、土、搭材、东行、西行、油漆、婚礼、火药十作，及米盐库、

营造库、皇坛库，凡国家营造宫室、陵墓，并铜锡妆奁、器用暨冰窖诸事"㉙。由此看来，内官监相当于外廷的工部，掌管营造工程事项。由于上寺遗址出土的石碑过于残缺，无法判断内官监太监与上寺的具体关系，但从遗址出土的建筑构件如瓦当、滴水、脊兽等来看，多为明代典型样式，寺庙应是在明代进行过修整。

二、云居寺与清代皇室

清朝各帝都推崇佛教，有些皇帝还精研佛学，佛教在清王朝的掌控之下兴盛发展。云居寺仍持续得到了诸多皇帝及皇族亲贵的关注，他们以题诗、赐匾、赐地等方式表达对云居寺的重视与关注。

（一）清初皇帝与云居寺

顺治皇帝崇佛礼僧，为清代诸帝崇佛开领风气之先，入关稳定后，在京城兴建永安寺、德寿寺等佛教寺院。据《皇京重建大佛寺碑铭》记载，清代云居寺文殊菩萨殿殿外悬有顺治皇帝题"别有洞天"匾额㉚，应是其亲临云居寺所题。康熙皇帝沿顺治崇佛之习，对于北京的佛寺也给予关注。

清初，云居寺"颓者益颓，而残者且日就剥落"㉛。康熙十一年（1672），"云居寺重开山第一代"住持溟波大师开始对云居寺全面修复，西域寺、东域寺、梦堂庵、云居寺双塔、戒坛及石经山藏经洞、曝经台一应建筑或翻新、或修补、或重建，并遵云居寺刻经故事，刻造《金刚经》《药王经》经碑两通㉜。康熙年间，溟波蜚声遐迩，新城县、北京东便门、海会寺、甘露寺等处多请其参禅，王公大臣、皇亲显贵也多与之交。

据《范阳郡白带山云居寺溟波和尚碑记》记载，溟波大师曾受"老四王爷"之请传授幽冥戒，并结缘皇帝：

> 又到云居，老四王爷请受幽冥戒，请鬼王，老和尚放施食，同住七日，道场圆满。我等二人统众托钵，恭遇皇上。召

问：你是哪里人？奏道：武清县人。问：哪一宗？奏说：临济正宗。又问：可通佛法么？回奏：通。万岁笑云：赐白金三十两添钵。回奏：不要。随驾大人道：皇上所赐，如何不要？万岁道：与你造衣。后回云居造麻布衣百领有余，济僧众。

后溟波托钵行化至磐山，又遇皇帝：

> 后至磐山，皇上亲临，问：老和尚好？奏谢：万岁洪恩。至山门下马，问：可识字么？遂回奏：不识。又道：不立文字，不离文字？遂回奏道：不离文字，不立文字。又道：如何传戒？奏道：戒者，止也，何有言诠？后说道：头里走。至殿，拜佛起来四顾道：有禅棒？彼时在傍不答。又问：为甚么不答？回奏道：若答，恐有触犯。皇上出门问：你的学问，与佛藏学问，谁的好？亦不答。若答，犹有人我在。㉝

碑记中并未提及此位皇帝是谁，但从立碑时间"康熙三十七年"来看，只可能是顺治或者康熙。由于溟波大师生卒年并没有具体记载，其事迹又交叠于两朝，所以并不敢妄加断定。

溟波之后，住持圆通在朝廷的支持下，继承乃师遗志，至康熙三十七年（1698）将云居寺重修工程告竣。圆通的弟子了尘又"移大悲坛，建藏经殿、比丘坛、客堂、回廊及后层殿刹"㉞。溟波、圆通、了尘三人所处的正是康乾盛世，也是清代云居寺蒸蒸日上的时候，后世将清朝前三代重开山祖师并称云居寺"三公"。

（二）乾隆、嘉庆、道光皇帝为云居寺的题诗与题匾

雍正皇帝埋入易县西陵之后，皇室与云居寺的关系更加密切。出于祭祖期间皇帝休息和驻跸的需要，乾隆年间分别在北京与西陵之间修建了四处谒陵行宫，即房山黄新庄行宫、半壁店行宫、涞水秋澜行宫、梁格庄行宫。按此出行路线，云居寺就成为北京到清西陵的必经之地。乾隆、嘉庆、道光均在祭祖期间到访过云居寺。

表一　乾隆为云居寺所题匾额楹联（据蒲意雅《记石经山西域寺》文中记载[37]）

	匾额	楹联
毗卢殿	慧海智珠	林外钟声开宿月，阶前幡影漾清辉
释迦殿	耆窟香林	石洞别开清静地，经函常护吉祥云
药师殿	香云常住	
弥陀殿	金轮正觉	
大悲殿	莲台净域	
文殊殿	慧海慈航	

乾隆皇帝堪为清统治者中崇佛的最高境界者，每次出巡，大都要到沿途的寺院去拈香，以示对佛教的尊崇。乾隆对佛教寺院的修建高度关注，在位期间，对北京寺院进行了大规模的普查和修缮，先后普查了北京四城及城外十五里以内要路附近的所有庙宇[35]。乾隆十八年（1753），乾隆皇帝在去西陵的途中行至云居寺，留下许多墨宝，作有《云居寺二十韵》《西域寺》《香树林》《石经洞》等诗[36]。此外，乾隆喜好书法，所到之处常常御笔题咏，北京的不少寺庙中都留下他的御笔题额。云居寺中路主要大殿的匾额楹联多为乾隆所题（表一），石经山上"见春亭"也为乾隆赐名，只可惜这些匾联均在20世纪40年代的战火中被毁，80年代复建寺院时也未复制。

嘉庆皇帝两度驻跸云居寺，题诗并赐地。云居寺内有一御书碑亭[38]，碑青石质，卧式，碑阳是嘉庆皇帝在嘉庆十四年（1809）第一次来云居寺时写下的《云居寺瞻礼二十韵》，碑阴是嘉庆十八年（1813）留下的《御制再游云居寺诗》（图五、图六）。碑身四周有六对对称的玉龙腾跃，气势不凡。另据《云居寺御赐稻田碑》记载，嘉庆皇帝第一次到访时还将涿郡稻田三百余亩御赐云居寺："迄大清嘉庆十四年春，恭逢圣驾亲临瞻礼佛像，仰邀天眷，恩赐土田，俾沾水土之恩。以皈依之众，直隶督宪温承旨宣谕。此地坐落涿郡，系稻田三百余亩，与寺地阡陌相连，耕耘实便。本寺僧人，均沾圣泽，仰沐皇仁。"[39]

嘉庆十五年（1810）又由直隶总督温承惠奏请，"将涿州入官民地拨给云居寺以资香火事"[40]。跟乾隆皇帝相比，嘉庆皇帝并不爱四处题诗，但他在云居寺却留下了两首，并两次赐予田地，可见在嘉庆皇帝的文化活动和与佛教的交往中，云居

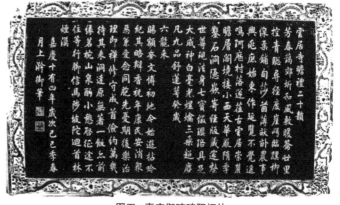

图五　嘉庆御碑碑阳拓片

图六　嘉庆御碑碑阴拓片

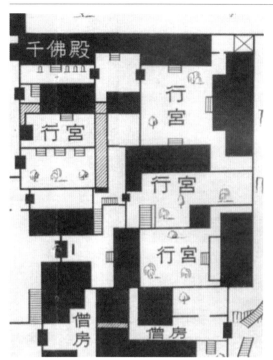

图七　民国时期西域寺堂塔图（局部）
（选自《东方学报第五册副刊——房山云居寺研究》[43]）

寺具有极其特殊的、独一无二的地位。

道光帝还是皇子时，曾奉命在孝淑皇后忌日到云居寺拈香祭拜，并留下诗文《奉命诣西域寺拈香即景》，慨叹"始得瞻其胜概，但惜不能濡滞遍览也，匆匆而还，爱莫忍去"[41]。后与其弟重游，二人以前诗韵，又作诗一组，名曰《偕三弟重游西域寺》[42]。无论是乾隆、嘉庆还是道光皇帝，从他们题诗的内容来看，无不表达出对云居寺的喜爱。

（三）云居寺行宫的修建

清代云居寺内西北部建有一处行宫院，供皇帝往返西陵路过时驻跸。从民国时期日本学者森鹿三考察绘制的"西域寺堂塔图"中，我们可以清晰地了解到清代行宫的位置与布局（图七）。而关于其始建年代，目前还未见到精确的文献记载。

嘉庆十二年（1807），工部侍郎索绰络·英和"遵旨查覆西域云居寺等处情形"，并绘"云居寺小西天及半壁店至云居寺道路形势画样三张"。查看三张画样之一的"西域云居寺地盘画样"，其上并

未绘有"行宫"，后来修建行宫的地方在这张图上被标注为"御坐房"及"客堂"（图八）。也就是说嘉庆十二年时行宫尚未修建，"御坐房"应是在行宫修建之前作为皇帝来寺时的休息之处。

嘉庆十八年十二月奏折《奏报起程查看西域寺等处行宫坐落等工程及日期事》提及云居寺行宫坐落的内容，为我们提供了其建设年代的参考："圣驾展谒西陵所有沿途桥道及一切事宜，早经臣饬令该地方官并分派委员妥协办理……拟于三月初三日自省启程，先赴西域寺、潭柘、戒台、北惠济、龙王庙等处查看行宫坐落工程。"[44]

"西域寺"即今云居寺，由奏折内容可知，嘉庆十八年末云居寺行宫已经在建造中或业已完成。因而，清代行宫的始建年代可以推断在嘉庆十二年至嘉庆十八年之间，大概率就是在嘉庆十四年皇帝第一次亲临云居寺之后下旨建造。行宫的修建体现出嘉庆皇帝对云居寺的喜爱，也提升了云居寺的地位。

（四）清代皇族亲贵与云居寺

除皇帝外，清代许多皇族亲贵也曾到访云居寺，布施丰厚财物，留下诗篇、游记，还亲笔撰、书碑文多通。

康熙帝第二十一子慎靖郡王胤禧（允禧）与云居寺僧人交谊深厚，清代云居寺内有其乾隆八年（1743）所撰《大悲殿记》碑[45]。乾隆十九年（1754），尚怡亲王胤祥之和硕额驸福僧格将坐落在新城县栗各庄的"地二十顷零五十亩，瓦房十五间，土房二十五间，场院园子并树"捐给云居寺[46]。道光帝第六子恭亲王奕䜣曾数度驾临云居寺，题咏、酬赠诗篇十余首[47]，其孙著名画家溥儒还曾为云居寺编撰过《白带山志》一书[48]。可见在清朝皇室心中，云居寺的政治地位是极为显赫的。

清代后期，随着国势逐渐衰落，帝王对佛教的重视程度远不如前。清代中后期，中云居寺、东云居寺逐渐冷落，走向衰败，只有西云居寺香火鼎盛。云居寺库

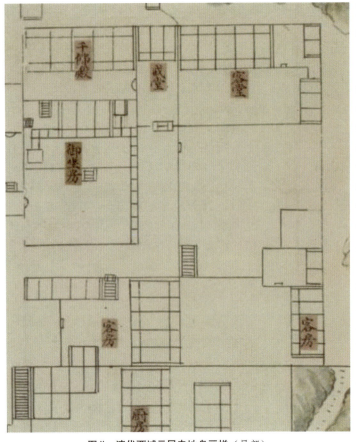

图八　清代西域云居寺地盘画样（局部）
（原件现存中国第一历史档案馆，云居寺存复制件）

延续千年的最重要原因，也是云居寺之于其他寺庙文化的独特之处。

明清时期官方的房山石经刻造基本停止，但云居寺仍持续得到了统治高层的关注，高僧大德与皇族亲贵交往，受到皇室信佑；历代皇帝亦对云居寺给予赐额、赐物、赐土地庄田、减免租税等恩惠，以皇室之尊积极护佑其发展，以御制诗文表达其喜爱。除明世宗时期外，云居寺在明清两代一直保持着兴盛的发展，在明万历时期和清康、雍、乾三世空前鼎盛，嘉、道、咸亦未见衰落。寺院与世俗政权的联系也是反映统治政策与历史文化的一个侧面。朝廷对佛教的尊崇利用、后妃和宦官的崇佛信仰、中国宫廷与印度僧人的交流往来乃至皇帝朝官对禅意的向往，无不在云居寺与皇室的关系中体现出来。

房有一清代残碑，字迹漫漶，可见"……地以资助之且供香火之资……献上祇园时作香花供养……"等字句，落款"胞弟溥杰世元□□麟润施送并撰文"[49]。从碑文及落款上判断，应是记录皇室子弟溥杰的某位胞兄施给云居寺土地及祇园作香火供养的内容，是否为溥杰"施送"因缺字暂无法肯定，但可以知道的是云居寺在清末仍得到了皇室的关注。

三、结语

纵观历史，佛道之兴衰，是随历代统治者的需求而演绎的，佛寺的发展、壮大乃至衰落莫不与皇室息息相关。云居寺自立寺以来便受到皇室关注，除了统治者出于对佛教的推崇而赏赐土地、财物外，还有对石经刻造的支持，这是刻经事业得以

本文写作过程中得到房山云居寺文物管理处张爱民先生的热情帮助，谨致谢忱。

①北京市地方志编纂委员会：《云居寺志》，北京出版社，2017年，第2页。

②[唐]唐临撰、方诗铭辑校：《冥报记》，中华书局，1992年，第10页。

③[唐]王守泰：《山顶石浮图后记》，参见北京石刻艺术博物馆：《新日下访碑录·房山卷》，北京燕山出版社，2013年，第25页。

④[辽]释志才：《大辽涿州涿鹿山云居寺续秘藏石经塔记》，此碑现立于云居寺石经地宫上，参见房

山云居寺文物管理处：《云居寺贞石录》，北京燕山出版社，2008年，第80—83页。

⑤[明]姚广孝：《石经山》，参见[明]蒋一葵：《长安客话》卷5，民国时期钞本。此诗在[明]刘侗、于奕正《帝京景物略》卷8中亦有载，但后者文字略有不同，诗名为《观石经洞》。

⑥[明]袁廷玉：《小西天》，参见[明]蒋一葵：《长安客话》卷5，民国时期钞本。此诗在[明]刘侗、于奕正《帝京景物略》卷8中亦有载，但诗后阕不同，诗名为《石经山》。

⑦⑬[明]刘侗、于奕正：《帝京景物略》卷8，明崇祯刻本影印版。

⑧徐威：《北京汉传佛教史》，宗教文化出版社，2010年，第301页。

⑨[明]释幻轮：《释氏稽古略续集》卷3，明崇祯刻本影印版。

⑩⑫[明]释道深：《小西天东峪观音寺重开山碑铭》，参见溥儒辑、杨璐点校：《白带山志》卷7，中国书店，1989年，第98—100页。

⑪[明]释道深：《敕赐崇恩寺西天大辣麻桑渴巴辣实行碑》，参见北京图书馆金石组：《北京图书馆藏中国历代石刻拓本汇编》第52册，中州古籍出版社，1989年，第10页。

⑭㉔[明]释真可：《示东西云居寺僧众》，参见溥儒辑、杨璐点校：《白带山志》卷7，中国书店，1989年，第101—102页。

⑮㉓[明]释德清：《复涿州石经山琬公塔院记》，此碑现立于云居寺琬公塔旁，参见房山云居寺文物管理处：《云居寺贞石录》，北京燕山出版社，2008年，第95—97页。

⑯徐威：《北京汉传佛教史》，宗教文化出版社，2010年，第305页。

⑰陈玉女：《明代的佛教与社会》，北京大学出版社，2011年，第97页。

⑱杜常顺：《明朝宫廷与佛教关系研究》，暨南大学博士学位论文，2005年，第141页。

⑲王火红、朱莉韵：《〈嘉兴藏〉的刊刻、出版与当代价值研究——兼谈〈嘉兴藏〉与嘉兴的渊源》，《嘉兴学院学报》2015年第6期。

⑳[明]释德清：《涿州西石经山雷音窟舍利记》，参见曹越主编：《憨山老人梦游集（上）》，北京图书馆出版社，2005年，第402—405页。

㉑章宏伟：《明代万历年间江南民众的佛教信仰——以万历十七年至二十年五台山方册藏施刻文为中心的考察》，《清华大学学报（哲学社会科学版）》2016年第5期。

㉒陈玉女：《明代的佛教与社会》，北京大学出版社，2011年，第100页。

㉕[德]洛塔·雷德洛斯著、吴秋野译：《董其昌的"宝藏"》，《荣宝斋》2009年第1期。

㉖徐威：《北京汉传佛教史》，宗教文化出版社，2010年，第317页。

㉗[明]曾朝节：《顺天府涿州房山县韩吉村香光寺重修缘起碑记》，参见杨亦武：《房山碑刻通志》卷4《城关街道·周口店镇》，社科文献出版社，2018年，第132页。

㉘溥儒辑、杨璐点校：《白带山志》卷4，中国书店，1989年，第48页。

㉙《明史》卷74《职官三》，中华书局，1974年，第1819页。

㉚[清]梁耀枢：《皇京重建大佛寺碑铭》，参见北京图书馆金石组：《北京图书馆藏中国历代石刻拓本汇编》第78册，中州古籍出版社，1989年，第172页。

㉛[清]大护法功德主：《重修范阳白带山云居寺碑记》，此碑现立于云居寺毗卢殿左侧，参见房山云居寺文物管理处：《云居寺贞石录》，北京燕山出版社，2008年，第100—101页。

㉜㉝[清]徐士斑：《范阳郡白带山云居寺溟波和尚碑记》，此碑现立于云居寺毗卢殿右侧，参见房山云居寺文物管理处：《云居寺贞石录》，北京燕山出版社，2008年，第102—105页。

㉞[清]爱新觉罗·弘晈：《西峪大云居寺了尘福禅师塔铭》，此碑现立于云居寺北塔院外，参见房山云居寺文物管理处：《云居寺贞石录》，北京燕山出版社，2008年，第116—117页。

㉟徐威：《北京汉传佛教史》，宗教文化出版社，2010年，第365页。

㊱以上几首诗文参见马庆澜：《房山县志》卷8，1928年铅印本。

㊲[法]蒲意雅著、周文蒸译、刘文兴校补：《记石经山西域寺》，载王毓霖：《房山游记汇编》，中原书店，1937年，第123—154页。

㊳中华人民共和国成立前碑亭被毁，1999年在弥

陀院内重建碑亭，移入诗碑。

㊴此碑原立于云居寺行宫院内，后移至祖师殿院内，参见北京图书馆金石组：《北京图书馆藏中国历代石刻拓本汇编》第78册，中州古籍出版社，1989年，第54页。

㊵该奏折现存中国第一历史档案馆。

㊶故宫博物院：《清仁宗御制文·养正书屋全集定本》第二册，海南出版社，2000年，第231—232页。

㊷故宫博物院：《清仁宗御制文·养正书屋全集定本》第二册，海南出版社，2000年，第232页。

㊸[日]东方文化学院京都研究所：《东方学报第五册副刊——房山云居寺研究》附图2，1935年。

㊹该奏折现存中国第一历史档案馆。

㊺[清]爱新觉罗·胤禛：《大悲殿记》，参见溥儒辑、杨璐点校：《白带山志》卷9，中国书店，1989年，第160页。

㊻[清]福僧格：《施地供众碑》，此碑现立于北塔院东侧，参见房山云居寺文物管理处：《云居寺贞石录》，北京燕山出版社，2008年，第120—121页。

㊼奕䜣写云居寺的诗词很多，《白带山志》中收录有《西域云居寺对雨吟》《石经塔院春晚闲步》《微雨初霁游小西天石佛洞》《概云轩即目》《赠云居寺印照上人》《重游西峪云居寺》等十余首。

㊽溥儒辑、杨璐点校：《白带山志》，中国书店，1989年。

㊾田福月：《云居寺春秋》，北京市房山区文化文物局，1994年，第75页。

（作者单位：北京市房山云居寺文物管理处）

清顺治时期对紫禁城中轴线上建筑的重修

白　炜

　　紫禁城中轴线初建于明永乐十八年（1420），南起午门，北至神武门，全长960米[①]（图一）。紫禁城中轴线建成后由于战乱、火灾等原因不断重修，其中顺治时期（1644—1661）对紫禁城中轴线上建筑的重修是其发展变化中的重要一环。本文拟在既有研究成果的基础上，以历史文献为线索，尝试梳理顺治时期紫禁城中轴线上各建筑重修的历史，并分析重修的原因，以加深我们对紫禁城中轴线发展变化的认识，并为紫禁城的发展变化及相关历史研究构建可靠的时间框架。

　　由于李自成起义军在明崇祯十七年（1644）三月攻陷北京，导致紫禁城的部分建筑被焚毁，至于毁坏程度，由于缺乏详实的文献记载，难有准确的评估[②]。是年九月清世祖顺治帝由盛京（今辽宁沈阳）

进北京后，在皇极门（清太和门）举行了登基大典，此后主要政事活动都集中在武英殿和皇极门（清太和门）等处。

　　通过对《清实录》[③]等文献的梳理可知，顺治初年清廷就对紫禁城内破旧、损毁的建筑开始修复，其中对紫禁城中轴线上建筑的重修过程可分为顺治元年（1644）至四年（1647）、顺治十年（1653）至十二年（1655）两个阶段。

一、顺治元年至四年对紫禁城中轴线上建筑的重修

　　清初的政治经济形势致使清廷无力大规模新建宫殿[④]，在顺治二年（1645）至四年紫禁城中轴线上重修的建筑有：午门、太和门、太和殿、中和殿、保和殿、乾清宫、坤宁宫等。

　　1. 清顺治元年重修乾清宫
　　乾清宫是紫禁城内廷后三宫之一，始建成于明永乐十八年，永乐二十年（1422）闰十二月、正德九年（1514）正月、万历二十四年（1596）二月三次毁于火，万历三十年（1602）二月开始重建，三十二年（1604）三月建成。作为明代皇帝的寝宫，自永乐皇帝朱棣至崇祯皇帝朱由检，共有14位皇帝曾在此居住。由于宫殿高大等原因，明代皇帝在此居住时曾分隔成数室，明嘉靖年间发生的"壬寅宫变"，泰昌朝的"红丸案"、泰昌妃李选侍争做皇后的"移宫案"等许多重要的历史事件都发生

图一　紫禁城中轴线

在乾清宫。此外，明代也曾作为皇帝守丧之处⑤。

开始重建乾清宫不早于顺治元年七月，当时顺治帝尚未从盛京启程，是清军进入紫禁城后进行的最早一项修整工程。工程于顺治二年五月完成。修缮后乾清宫连廊长八丈六尺八，连廊宽四丈二尺六寸，山柱高三丈三尺，规制较明代略小，体量仅与乾清门相当，暂为皇太后博尔济吉特氏居所，而顺治帝则居住在位育宫（清保和殿）⑥。

2. 清顺治二年重修太和殿

太和殿位于紫禁城南北主轴线的显要位置，明永乐十八年建成，初名奉天殿，明代历经多次火灾与重建，嘉靖四十一年（1562）重建后改称皇极殿⑦。逢明代皇帝登基即位、皇帝大婚、册立皇后、命将出征等重要仪式，每年万寿节、元旦、冬至等重要节日，皇帝都要在此接受文武官员的朝贺或向王公大臣赐宴。

顺治帝刚进入紫禁城时，接见大臣、颁布诏书等一系列活动都是在皇极门和武英殿举行，未使用皇极殿，这从侧面说明皇极殿无法使用，应是遭到了严重的损坏。顺治二年正月初一，顺治帝本应在皇极殿接受群臣及各国使臣的朝贺，但当时皇极殿仍无法使用，只好在皇极殿上搭起帷幄，才完成了新春朝贺的礼仪。

顺治朝对皇极殿的重修不早于顺治二年五月，并改称皇极殿为太和殿。太和殿殿名取自《周易》中"保合太和，乃利贞"一句，指要保持住宇宙中的一种元气，才能使一切都适宜中正⑧。顺治三年（1646）十月三十日太和殿竣工。修复后的太和殿连廊共十一间，长十八丈五尺，宽十丈一尺，高七丈五尺，依然保持明代规制⑨。

通过对《清实录》⑩等文献的梳理可知，自顺治四年起，宫廷重要朝会、例行礼仪活动等都在太和殿举行。比较重要的有：顺治四年、顺治五年（1648）在太和殿举行元旦朝贺礼。在顺治五年二月三日

顺治帝在太和殿设宴犒劳定远大将军和硕亲王豪格自四川凯旋。顺治八年（1651）正月十二日顺治帝在太和殿举行亲政大典。顺治八年八月十三日顺治帝在太和殿册封科尔沁蒙古卓礼克图亲王吴克善女儿博尔济吉特氏为皇后。顺治十年在太和殿举行元旦朝贺礼。顺治十年正月十一日、正月十六日、二月二十八日，顺治帝在太和殿设宴接见达赖喇嘛，并赏赐金器、彩缎等物品。顺治十一年（1654）在太和殿举行元旦朝贺礼。顺治十一年六月十六日在太和殿册封科尔沁蒙古镇国公绰尔济的女儿博尔济吉特氏为皇后。顺治十四年（1657）在太和殿举行元旦朝贺礼。顺治十五年（1658）四月二日在太和殿丹陛举行殿试。这些事件表明，太和殿的重修结束了顺治皇帝以武英殿、皇极门为政事中心的时期，更加突出了皇权至高无上的象征意义。

太和殿重修后，相关礼制不断完善。例如：顺治九年（1652）规定每月初五、十五、二十五日文武百官在太和殿行朝参礼。顺治十年规定，四品以上官员在太和殿前行谢恩礼、辞朝礼、见朝礼。顺治十二年规定，诸王、贝勒、贝子、公等，进太和殿两旁排立，行礼毕，赐茶，候旨列坐，候驾还宫，方出。从此清代的常朝礼制度正式形成。

3. 清顺治二年重修中和殿

中和殿是紫禁城外朝三大殿之一，位于太和殿、保和殿之间。始建于明永乐十八年，初称华盖殿，明代历经多次火灾与重建，嘉靖四十一年改称中极殿，现中和殿天花内构件上仍遗留有明代"中极殿"墨迹⑪。明代在举行各种大典前，皇帝先在此小憩，并接受执事官员的朝拜或在此阅视奏书。

顺治朝对中极殿的重修不早于顺治二年五月，并改称中极殿为中和殿。中和殿殿名取《礼记·中庸》"中也者，天下之本也；和也者，天下之道也"之意。顺治三年十月三十日中和殿竣工。

图二　中和殿

修复后的中和殿连廊共五间，宽六丈五尺七寸，四面俱同，高四丈八尺，依然保持明代规制⑫。

中和殿修复后成为顺治帝接见各部蒙古王公贵族和朝廷官员的重要场所（图二）。例如：顺治四年至八年在这里接见科尔沁部达赖台吉、四子部落达尔汉卓礼克图、敖汉部落齐隆巴图鲁、范文程、魏裔介等。需要注意的是，与太和殿不同之处在于，中和殿接见王公大臣并非单纯的礼仪活动，有时谈话的内容非常具体，拉近了君臣之间的距离。此外，顺治十一年礼部制定每年春天在先农坛举行亲耕籍田前，中和殿还是皇帝阅示祝文、农具的地方。

4. 清顺治二年重修保和殿

保和殿是紫禁城外朝三大殿之一，位于太和殿、中和殿后，北面紧邻紫禁城内朝。保和殿建成于明永乐十八年，初名谨身殿，明代历经多次火灾与重建，嘉靖四十一年改称建极殿，现内构件上仍遗留有明代"建极殿"墨迹⑬。明代大典前皇帝常在此更衣。

顺治朝对建极殿的重修不早于顺治二年五月，并改称建极殿为保和殿，顺治三年十二月二十二日保和殿竣工。修复后的保和殿连廊共九间，长十四丈一尺，宽六丈六尺，高五丈八尺，依然保持明代规制⑭。

此后顺治三年至十三年（1656），顺治帝曾居住保和殿，时称"位育宫"，顺治八年大婚亦在此举行。其间这里也召见大臣，例如：顺治五年闰四月二十一日在位育宫接见平西王吴三桂⑮。

5. 顺治二年重修坤宁宫

坤宁宫是内廷后三宫之一，始建于明永乐十八年，正德九年、万历二十四年两次毁于火，万历三十三年（1605）重建⑯。明代为皇后寝宫。

清沿明制于顺治二年重修。重修后皇帝、皇后均未使用，顺治三年至十三年，皇帝皇后居住保和殿⑰。

6. 顺治二至三年重修太和门

太和门是紫禁城内最大的宫门，也是外朝宫殿的正门。太和门建成于明永乐十八年，当时称奉天门。嘉靖四十一年改称皇极门。明代此处是"御门听政"之处，皇帝在此接受臣下的朝拜和上奏，颁发诏令，处理政事。

顺治元年九月，定鼎北京后的第一个皇帝顺治帝在皇极门登基并颁布大赦令。顺治二年改称太和门，顺治三年重修，顺治三年十月三十日太和门竣工，修复后的太和门连廊共九间，长十四丈七尺，宽六丈三尺，高五丈四尺，用于皇帝听政、赐宴（图三）。

7. 清顺治四年重修午门

午门建成于明永乐十八年，明代皇帝处罚大臣的"廷杖"在午门举行。清沿明制于顺治四年重修⑱。

顺治四年十一月午门修成。重修后的午门正楼九间，长十八丈九尺、阔七丈七尺六寸，檐柱高一丈九尺五寸，中柱高七丈一尺。钟鼓楼二座，每座各三间，长三丈、阔四丈三尺八寸，檐柱高一丈二尺，中柱高二丈三尺。另外，还有角楼四座，每座三间。上门楼五间，城角楼一座。午

图三　太和门

图四　午门

门沿袭了唐朝大明宫含元殿及宋朝宫殿丹凤门的形制，其形制是我国古代门阙制度演变的最终形态（图四），同时也是这种制度最晚、保存最完整的唯一遗例[19]。

午门分上下两部分，下为墩台，正中开三门，两侧各有一座掖门。中门为皇帝专用，此外只有皇帝大婚时，皇后乘坐的喜轿可以从中门进宫，或是通过殿试选拔的状元、榜眼、探花在宣布殿试结果后可从中门出宫。东侧门供文武官员出入，西侧门供宗室王公出入。两掖门只在举行大型活动时开启。正楼两侧有钟鼓亭，每遇皇帝亲临天坛、地坛祭祀则钟鼓齐鸣，到太庙祭祀则击鼓，每遇大型活动则钟鼓齐鸣。每年腊月初一，要在午门举行颁布次年历书的"颁朔"典礼。遇有重大战争，大军凯旋时，要在午门举行"献俘礼"。每逢重大典礼及重要节日，都要在这里陈设体现皇帝威严的仪仗。此外，顺治十年规定，五品以下官员在午门外行谢恩礼、辞朝礼、见朝礼。顺治十八年（1661）规定，各级官员如遇皇帝免朝，都于午门外行礼。

二、顺治十年至十二年在紫禁城中轴线上建筑的重修

顺治七年（1650）十二月初九多尔衮在喀喇城（今河北承德市郊）病逝后，顺治帝开始摆脱傀儡地位，对多尔衮实行了削除封号爵位、罢撤庙享谥号、籍没家财等身后惩处，逐步加强皇权。此时在紫禁城内，后妃居住在位育宫，占用了顺治帝理政之所，且后妃居外朝与典制不符，因此顺治帝极力想改变这种有违典制的居住环境。顺治十年皇太后移居慈宁宫后，顺治帝决定兴修内廷乾清、坤宁等宫，准备移居内廷居住[20]。通过对《清实录》[21]等文献的梳理可知，顺治十年至十二年对紫禁城中轴线上建筑的重修主要有：乾清宫、乾清门、交泰殿、坤宁宫等。

1.清顺治十年重修乾清宫

乾清宫重修于顺治十年闰六月，后因廷臣力谏暂止[22]。顺治十二年正月顺治帝再次提出修建乾清宫，经议政王大臣会议确定当年再次开工重修乾清宫。由于修建用材早在两年前已备齐，所以工程进度很快，其中"竖柱"在顺治十二年三月壬寅，"上梁"在四月乙卯，"安吻"在五月己亥。以工程进度考察，乾清宫的再建，于开工五个月后即已完成主体工程。由于同期所修宫殿较多，"插剑、悬牌"拖至安吻一年后的顺治十三年闰五月与其他宫殿同时进行，并宣布最后完工[23]。

乾清宫重修后，不仅成为顺治帝的寝宫，也是他召见大臣、处理政务和举行日讲的场所。顺治帝命翰林学士将侍读学士、侍讲学士、侍读、侍讲、编修分为三班，每班八人，轮流值宿，以备随时顾问。召见时除了讨论政事外，顺治帝还与他们切磋经史、谈论文学等。

重修后的乾清宫仅两年就出现漏雨、地砖不稳等情况，越发无法使用，在顺治十七年（1660）三月后放弃使用[24]。为此，顺治帝惩罚了负责乾清宫工程的官员，工部尚书孙塔罚银百两，原任尚书卫周祚解任并罚俸一年。侍郎朱鼎延、李士焜、傅景星等人也都或罚俸，或革职[25]。

顺治十八年正月初七日，顺治帝福临死于养心殿，当日在乾清宫开始举办丧礼。此后，清帝丧仪于乾清宫举行成为定制。当年皇太极崩逝于盛京清宁宫，梓宫奉安于崇政殿。福临死于养心殿，丧仪在乾清宫举行的做法，与皇太极丧仪是一脉相承的[26]。

图五　乾清门

图六　交泰殿

2.清顺治十二年重修乾清门

乾清门为紫禁城内廷的正宫门，建于明永乐十八年，清顺治十二年重修。重修后的乾清门面阔五间，进深三间，坐落在汉白玉石须弥座上，周围环以雕石栏杆。门前三出三阶，中为御路石，两侧列铜鎏金狮子一对。中开三门，两梢间为青砖槛墙，方格窗。门两侧为"八"字形琉璃影壁，壁心及岔角以琉璃花装饰。门内有高台甬路连接乾清宫月台。乾清门东为内左门，西为内右门。门前广场东西两端为景运门、隆宗门。乾清门是连接内廷与外朝往来的重要通道，又兼为处理政务的场所，斋戒、请宝、接宝等典礼仪式都在乾清门举行（图五）。

3.顺治十二年重修交泰殿

紫禁城内廷后三宫之一，位于乾清宫和坤宁宫之间，明嘉靖年间始建，顺治十二年重修。重修后的交泰殿平面为方形，深、广各三间，单檐四角攒尖顶，铜镀金宝顶，黄琉璃瓦。四面明间开门，三

交六椀菱花，龙凤裙板隔扇门各4扇，南面次间为槛窗，其余三面次间均为墙。殿内顶部为盘龙衔珠藻井，地面铺墁金砖。交泰殿为皇后千秋节受庆贺礼的地方（图六），顺治帝在此立"内宫不许干预政事"的铁牌，以警示后人。

4.顺治十二年重修坤宁宫

顺治十二年对坤宁宫仿盛京清宁宫样式的重修，是利用满族的建筑民俗和民间信仰达到加强民族团结的目的[27]。重修坤宁宫在顺治十二年三月十七日竖柱，四月初一日开始上梁，五月十六日安吻，五月十二日竣工[28]。坤宁宫重修后除了体量和外形与明代相似外，其形制和功能有了较大变化。

坤宁宫重修后将门设在了东一次间，正门不再居中，呈不对称布置，且将原菱花隔扇门改为双扇木板门，将原有的明代菱花隔扇窗改为窗户纸糊在外的直棂吊搭式窗[29]。室内布局改变了明代原有的中轴对称式格局，被分为三个单元。东一次间、明间、西一次间、西二次间通为一体，不设隔断墙，空间宽敞。室内北、西、南三面设有环形大炕，并在东一次间北部隔出一间灶间。灶间以西以窗棂隔出后夹道，夹道北为后隔扇门，此区域成为萨满祭祀的场所。东二次间、东三次间隔出，通为一室，称暖阁。西三次间则单独隔为一室，为存放神亭、神像及祭祀用品之处，内正中南向设木制大佛亭，前窗台里外均设活动木阶梯，出入需走窗，以两扇窗棂为启闭门户。为此，其窗户也进行了改造，不同于其他上下开合的吊搭窗，西三次间的窗户改为了左右对开的形式。这使重修后的坤宁宫成为紫禁城内最具满族文化特色的建筑（图七），并对清代中后期的宫廷建筑产生了重要影响。

三、结语

通过对顺治时期紫禁城中轴线上建筑重修的梳理，我们可以获得两点认识。

图七 坤宁宫

1. 顺治元年至四年，是清朝统治者第一次对紫禁城大规模修整，其中新建者较少，保留了明代紫禁城中轴线的总体布局，但部分宫殿的使用情况较明代有所变化。由于当时政治经济的客观条件，清廷是为了解决宫殿破旧、焚毁，恢复其使用功能的迫切问题，无力大规模营建紫禁城。大部分工程只是按明代样式修复，太和殿等宫殿的修复使顺治皇帝结束了以武英殿、太和门为政事中心的时期，自顺治四年起，宫廷重要朝会、例行礼仪活动等都在太和殿举行，并逐步完善礼制。太和殿等中轴线重要宫殿的使用更加突出了皇权至高无上的象征意义，其功能更加礼仪化，表现出清代初期多民族统一国家的巩固和紫禁城政治中心作用的加强。

2. 顺治十年至十二年，随着社会经济的逐步恢复和发展，主政者对汉族宫廷文化的理解逐渐深入，以及对满洲习俗的维护态度，对紫禁城建筑功能影响深刻，为紫禁城注入了新的内涵。乾清宫等内廷起居功能建筑日趋转变为日常处理政务的场所，还出现了以坤宁宫为代表的满族特色的建筑设施。紫禁城中轴线上建筑的再次重修，其背后是满洲传统文化带来的动力，而顺治皇帝的个人理念与性格，更进一步推进了它的变化，由此形成了影响清廷二百余年的理政制度及人员的活动方式。因此以紫禁城中轴线重修为观测点，也是深入清代宫廷典制研究的一个新途径。

①⑦于倬云：《紫禁城始建经略与明代建筑考》，《故宫博物院院刊》1990年第3期。

②班晓悦：《从清代紫禁城的复建看统治者的汉化》，《紫禁城》2014年S1期。

③⑩㉑《清实录》第三册《世祖章皇帝实录》，中华书局，1985年影印本。

④⑨⑫⑭吴建雍：《清前期的紫禁城》，《北京历史文化保护区研究》，北京燕山出版社，2006年。

⑤⑥㉓㉔李爕平：《清代乾清宫沿革概要》，《中国紫禁城学会论文集（第六辑）》，紫禁城出版社，2011年。

⑧杨玉良：《太和殿》，《故宫博物院院刊》1980年第2期。

⑪于倬云：《中国宫殿建筑论文集》，紫禁城出版社，2002年，第11页。

⑬于倬云：《中国宫殿建筑论文集》，紫禁城出版社，2002年，第47页。

⑮⑳周苏琴：《清代顺治、康熙两帝最初的寝宫》，《故宫博物院院刊》1995年第3期。

⑯⑱唐兰：《故宫博物院丛话》，《文物》1960年第1期。

⑰宋文：《从坤宁宫的变化看清代统治者的满族坚守与多元文化认同》，中国社会科学院研究生院，2015年硕士论文。

⑲孟凡人：《明北京皇城和紫禁城的形制布局》，《明史研究（第8辑）》，黄山书社，2003年。

㉒㉕刘仲华：《清代中轴线主要建筑的修缮与定型》，《北京史学论丛（2015）》，群言出版社，2015年。

㉖刘潞：《乾清宫空间功能的转换与制度变迁（上）》，《故宫博物院院刊》2020年第1期。

㉗李军：《清代紫禁城坤宁宫仿沈阳清宁宫室内格局及陈设的意义》，《中国紫禁城学会论文集（第八辑）》，故宫出版社，2012年。

㉘《世祖章皇帝实录》卷101，顺治十三年五月至闰五月，《清实录》第3册，中华书局，1985年，第783页。

㉙于倬云：《紫禁城宫殿》，生活·读书·新知三联书店，2006年，第72页。

（作者单位：故宫博物院）

圆明园舍卫城初探

张敏航

舍卫城位于圆明园东部、同乐园以北，是一座取意于印度佛教舍卫国城之意的城池式宗教建筑群。从一些档案资料中了解到，舍卫城在不晚于雍正五年（1727）时，已初具规模，其间多次进行改建、添建或重新布置陈设，直至嘉庆十五年（1810），仍有添建舍卫城殿宇的记录。在乾隆九年（1744）所绘圆明园四十景图中，舍卫城的样式仅在坐石临流图的上部，依稀见南部城门及城池轮廓。舍卫城内建筑的具体情况，也如同图中所绘的景象一样，充满着缥缈之感。

一、文献及历史图像中的舍卫城

在现有的"样式雷"图档中，并未见关于舍卫城建筑的详细内容，仅能从圆明园全图中依稀看到，舍卫城由城墙四面合围，南北各有两个城门，东西是否有城门情况不清。可见几幅圆明园全图的细节

中，乾隆、道光年间，东西两侧仅有城墙，墙外依墙而建诸多建筑。在咸丰年间的全图中，东侧偏南区域可见一凸出平台，形似马面。但这一平台设计，于同治年间的全图中又不曾出现。城内建筑大致呈中轴对称，南城关上书"舍卫城"，根据老照片，应为石质匾额，现整体建筑已无存。

《日下旧闻考》中关于舍卫城的记录，也不过寥寥几笔：

永日堂、寿国寿民、仁慈殿、普福宫诸额皆世宗御书。舍卫城北坊额曰花界，曰香城，东曰莲涌，曰金池，西曰昙霏，曰珠林。多宝阁祀关帝，额曰至神大勇，寿国寿民殿额曰心月妙相，仁慈殿额曰具足圆成，普福宫额曰瑞应优昙，最胜阁坊额曰乾闼持轮，曰祇林垂鬘，皆御书。[①]

根据记载与推测，舍卫城内，由南至北依次为寿国寿民殿、仁慈殿、普福宫及北城关上"最胜阁"。

从一些老照片上可以看出，舍卫城南城门前有夹杆石，城墙内东西有围墙圈出院子范围，园内建筑较为密集，但已难辨其具体形制（图一）。南北城关两侧马道清晰可见。

二、舍卫城与浴佛节

一年之中，舍卫

图一 舍卫城内城早期残迹（1900年前后）

城最热闹的时候，非四月初八日的浴佛节莫属了。这项佛教活动起源于印度，根据传说，佛祖释迦牟尼诞生于农历四月初八日，浴佛节即为纪念佛祖的降临。这是清代民间一个重要的宗教节日，而宫廷之中也不例外。嘉庆二十四年（1819）的四月初八，升平署档案中就详细记载了这一天圆明园舍卫城中摆当的情况：

四月初八日，舍卫城，庙内，摆当，东边，佳期（薛进喜），随手（马得、王进碌），带当人王腾云；西边，侠试（祁进碌、马庆寿），带当人李寿增。[②]

这一年的升平署档案的最后还附有一张加条，根据描述，应亦为四月初八日舍卫城摆当的内容：

莲花平台，南渡（于喜），带当李升，随手（名字经过修改不能完全识读）。善财三参：船领（何套住），观音（马士成），善财（薛进喜），随手（记录不清）。[③]

摆当，在档案中也记作"摆档"，主要穿插于全场表演的各类戏曲之间，包括了小曲、小戏、曲艺及杂耍等形式的演出。这类演剧亦是由升平署来承应。佳期、侠试、南渡皆应为昆曲中的一折，莲花平台及善财三参应为一种抬阁档。"抬阁"，档案中亦作"台阁"，即在一个较小的阁子或架子上，由数个人扮演一出戏曲故事中的场景，或唱，或不唱。从档案中看，那日带有随手，应是有唱的。随手为演出的伴奏团队，带有随手就意味着这一天的几出戏应是有伴奏及演唱的。需要特别注意的是，善财三

参中有"船领"一职，可知这一出并不在平地上进行表演，应是在舍卫城就近的水域上设船只，于船上进行表演。这样的演出形式也十分受到清宫的热爱，尤其是端午之日，会于圆明园进行多只龙舟的船上表演，亦被称作"龙舟抬阁档"，内容极为丰富。

清宫之中，"档"的形式多种多样，舍卫城的摆当仅为其中一小部分。其中一部分"档"流入民间，在清末成形，即为香会中常见的"幡鼓齐动十三档"，有的流传至今。

如今，由于升平署档案遗失内容较多，很难知晓浴佛节这一日的摆当是从何时开始兴起的。朱家溍先生所著的《清代内廷演剧始末考》中，记录了这样一段奏折档案：

总管内务府谨奏，为奏闻事。查得雍正六年四月初二日奉旨，四月初八日永宁寺佛前供品均照前例供献，令南府学生演戏一日，著每年以此为例。钦此。[④]

图二　永宁寺位置示意图

南府位于南池子南路口西，为伶人的住所，清代常将地名作为管理相关事务衙署的名称。南府的记载于康熙时即有，直至道光裁撤南府，才逐渐消失，是当时清代重要的戏剧班子。

书中又同时记录了另外两段奏折，朱家溍先生分析，此三份奏折应皆为嘉庆时期内务府奉旨查阅的：

乾隆四年三月十三日奉旨，今年四月初八日著南府学生在弘仁寺演戏一日，嗣后每年演戏之处著内务府大臣等仍行奏闻。钦此钦遵。在案。本年四月初八日，永宁寺、弘仁寺照例各献戏一日可也。谨此奏闻。

查得永宁寺、弘仁寺每年四月初八日献戏一日，如遇皇上在圆明园，永宁寺系南府学生承应，弘仁寺系怡亲王之戏承应。皇上在宫内，弘仁寺系南府学生承应，永宁寺系怡亲王之戏承应。⑤

由奏折不难看出：其一，永宁寺位于圆明园附近。在一幅同治时期的"样式雷"圆明园泉水并河道全图中⑥，可以清晰看到永宁寺位于圆明园扇面湖西南，紧邻畅春园的西北角（图二）。由此可知，起初的浴佛节献戏是在圆明园外的永宁寺进行的。并且由于雍正时期南府规模有限，无论在哪儿进行演剧，都要动用一部分怡亲王府的戏班。其二，于永宁寺进行浴佛节的佛前供奉、献戏，直至乾隆初年，然而是于何时改为在舍卫城中进行，尚未可知。

据乾隆二十一年（1756）的穿戴档记载，四月初八这一天，乾隆皇帝"乘四人暖轿出西南门，至永宁寺拜佛毕，进藻园门至清净地磕头毕，至万方安和乘船至舍卫城拜佛毕，步行看会毕，至同乐园。"⑦此处于舍卫城看会，看的便是"摆档"演出，与民间庙会的形式极为相像。由此可知，乾

隆二十一年时舍卫城已有于浴佛节时承应演剧或摆档的惯例。除此之外，由乾隆当日行走的路线来看，步行看会后，应是从舍卫城南门出，穿过牌坊，直径向南，经买卖街后过桥至同乐园（图三）。也许当日买卖街也是十分热闹，汇集了诸多商铺供乾隆皇帝甚至后妃们享受民间交易的乐趣。

然而舍卫城摆档的惯例并没有持续太久的时间，在道光年间的升平署档案中并未见任何关于舍卫城浴佛节时摆档的记录。每年的四月初八时断断续续有记录舍卫城进香情况，如道光三年（1823）时记录有：

奏于四月初八日按例内外总管首领官职太监学生等俱在，舍卫城恭进香，大香斗四座，小香斗四座，高香一千束……

值得一提的是，即使道光十九年（1839）时，裁撤了所有圆明园内扮作和

图三　舍卫城与同乐园关系示意图（样式雷图档）

图四　舍卫城考古发掘

尚于广育宫、舍卫城、法慧寺、关帝庙、河神庙等处念经的太监们[8]，升平署档案中仍有关于舍卫城进香的记录。但道光时期，皇帝是否再亲临进香，升平署的档案之中并未详细记录，还需要借助其他资料进一步考证。

咸丰时期的升平署档案中，浴佛节摆档甚至进香的记录就彻底地消失了。这大约与咸丰皇帝不再尊信佛教有着一定的关系，而关于舍卫城的档案也越来越少。

20世纪60年代初，舍卫城一带被海淀区武装部辟为民兵靶场，于北墙之上加砌高10余米的靶挡。城内也几经后期添盖其他建筑，现象极为不清。仅有东、西、北三座城墙的三合土内芯屹立不倒[9]。

三、考古发掘情况

为研究舍卫城具体情况，2019年北京市文物研究所对舍卫城南部区域进行了小面积的发掘工作（图四），发现了舍卫城南城门基础、城墙基础、马道基础等，了解了其具体走势及体量。从发掘情况来看，舍卫城南城门城墙内侧建有马道，城墙外侧紧邻城墙有东、西两处值房，几乎完全对称。这与一些记录舍卫城情况的老照片中的拍摄内容相吻合。本次发掘中

还发现刻有嘉庆款识的琉璃瓦一件，与档案中嘉庆年间添建殿宇的记录相符[10]。位于东城墙的解剖沟发现有近似城门基础的遗迹现象，亦能证明东侧城墙应有城门或马面类的建筑存在。但受发掘面积所限，对于舍卫城还未能进行更加全面、深入的了解。

由于缺少"样式雷"的图稿和烫样来帮助我们了解舍卫城的真实样貌，我们仅能将档案的只言片语与考古发掘的遗迹现象相互对照、相互印证，试图还原一个更接近于历史的、真实的舍卫城，然而仍不免留有诸多疑问与遗憾。关于舍卫城内的建筑究竟是何样貌，还需要更多的资料帮助我们进行研究。

四、保护与展示

随着风雨的侵蚀，舍卫城仅存的三合土城墙也急需进行保护与修整。关于舍卫城的保护与展示，有一些想法，在此简要说一说。对于夯土的保护，一直是文物保护方面的一个难题。单纯的保护夯土，在展览展示上也缺乏可观性，很难启发游客的想象，更无法完全体现出圆明园盛世的风貌。近年来，圆明园内对于园内夯土地基的保护也进行了一些尝试，如含经堂、澹怀堂及海晏堂蓄水楼等。综合几处进行贴砖保护的夯土遗址来看，普遍存在的问题有：后期缺少定期的养护措施，导致保护砖出现脱落或夯土基础变形等情况；没有对于遗址及其保护的阐述，容易导致游客在参观过程中不明就里，即无法令游客想象当时圆明园的盛况，也很难完全体现遗址留下的"荒芜美"，进而增强爱国主义教育。

根据以上情况，在舍卫城夯土墙的保护中，贴砖保护依旧是一套可行方案，

但在施工结束后必须要有一套完善的后期维护方案，对其进行定期除草及灰砖的更换、加固。关于展示方向，近年来国内外一些遗址对于夜间经济开始了一些尝试，圆明园遗址公园也进行了诸如元宵灯会等内容的探索，但与遗址、圆明园历史相结合的内容不多。舍卫城夯土城墙若进行贴砖保护后，东、西、北三面合围，不妨尝试将其作为大屏，进行一些"灯光秀"的活动，内容可围绕圆明园的过去与现在进行展示，不仅可增强其观赏的效果，更能丰富遗址展示手段，让遗址"活起来"，使更多人了解圆明园历史与园林文化。

"灯光秀"可以展示的内容极为丰富，国内外的一些遗址中，这种技术的开发和利用也相对较为成熟。例如以色列的大卫塔，晚间即进行此类的灯光秀表演，通过灯光投影到城墙上的动画及简要讲述，既展示了繁盛时期的犹太文化，又让观众体会到文化破灭时的悲怆，让人有身临其境之感，容易产生共鸣。

当然，这些构想都要建立在对于舍卫城更详细的考古发掘或勘探的基础上，对舍卫城、对圆明园研究的不断深入，从而进行更严谨但更容易为大众所接受的阐述与展示。要强调的是，对于文物、遗址的保护，才是核心，所有展示手段都要建立在不破坏遗址风貌的前提之下，不断尝试更吸引观众的展示手段亦是为了唤起人民的文物保护意识及爱国主义精神。

①[清]于敏中等：《日下旧闻考（三）》，北京古籍出版社，1983年，第1377页。

②中国国家图书馆：《中国国家图书馆藏清宫升平署档案集成》（第一册），中华书局，2011年，第175页。

③中国国家图书馆：《中国国家图书馆藏清宫升平署档案集成》（第一册），中华书局，2011年，第266页。

④⑤朱家溍、丁汝芹：《清代内廷演剧始末考》，故宫出版社，2014年，第40页。

⑥[清]《圆明园泉水并河道全图》，参见国家图书馆：《国家图书馆藏样式雷图档·圆明园卷初编》（第一册），国家图书馆出版社，2016年。

⑦中国第一历史档案馆：《清代档案史料——圆明园》（下册），上海古籍出版社，1992年，第844页。

⑧中国第一历史档案馆：《清代档案史料——圆明园》（下册），上海古籍出版社，1992年，第1016页。

⑨圆明园管理处：《圆明园百景图志》，中国大百科全书出版社，2010年，第285页。

⑩中国第一历史档案馆：《清代档案史料——圆明园》（上册），上海古籍出版社，1992年，第419页。

（作者单位：圆明园管理处）

清光绪二十九年觉生寺祈雨考

王 申

觉生寺为清朝雍正皇帝下旨敕建，始建于雍正十一年（1733），落成于雍正十二年（1734）冬[①]。乾隆八年（1743），因为明代永乐年间铸造的大钟被从万寿寺移至此处，故又逐渐被民间俗称为"大钟寺"。作为清代皇家敕建庙宇，自乾隆年间起，觉生寺一直作为清政府祈雨的重要场所之一（图一）。

从史料记载和遗留下来的一些相关实物来看，觉生寺的祈雨活动一般为拈香祈雨和祭坛祈雨，是清代觉生寺一项持续的有规律的祈雨活动。据不完全统计，清代在觉生寺共举行了百余次祈雨活动，参与者必须为皇室成员或者亲贵，人数多达170余人。

值得注意的是，只有光绪二十九年（1903）觉生寺出现了除拈香祈雨、祭坛祈雨以外的另一种祈雨形式，且与祭坛祈雨同时进行，即迎请"邯郸圣井岗龙神庙铁牌"到寺供奉进行祈雨。本文将通过对清代档案、文献等资料的研究，结合综合分析等研究方法，对光绪二十九年觉生寺的祈雨活动进行梳理研究，望于研究清代官方祈雨活动提供新的研究方向，亦为觉生寺作为官方分祷场所的地位和作用的研究提供新的研究参考价值。

一、清代觉生寺祈雨与邯郸铁牌进京祈雨概述

中国古代的祈雨活动被称为"雩祀"。在农耕时代，祈雨是对农事的重要祭祀活动之一。清代乾隆时期将祈雨正式列为"常雩"，并规定在每年"孟夏"时施行。如果"常雩"后旱情仍然没有缓解，"则仿唐制，祭神祇、社稷、宗庙。七日一祈，不足，仍分祷"[②]。清代对于祈雨活动十分重视，统治阶级选择祈雨的形式也十分多样，比如，在大高玄殿以道士进行祭祀；在黑龙潭以喇嘛为主进行祭祀等，另外还有在圆明园山高水长处举行祈雨等。

根据《清史稿·礼二》记载，觉生寺的祈雨活动并不属于"常雩"，而是根据当年旱情的需要进行的一种分祷，主要有拈香祈雨和祭坛祈雨两种。而迎请邯郸铁牌进京祈雨也不属于"常雩"，是从地方"引进"的祈雨形式。

（一）清代觉生寺祈雨

就一般情况而言，清代觉生寺的祈雨主要有"拈香祈雨"和

图一 觉生寺现存山门

"祭坛祈雨"两种。"拈香祈雨"一般为皇帝或者皇室亲贵奉旨到觉生寺进行拈香祝祷祈雨。这种祈雨活动形式简单，省时省力，主要在觉生寺内举行。乾隆至光绪时期这种简单的祈雨形式屡见不鲜，有时是皇帝亲诣觉生寺拈香，其他亲贵分诣大高殿、凝和庙、宣仁庙等地，有时则是皇帝单独拈香。

"祭坛祈雨"始于乾隆年间。祈雨时由皇室特选高僧在"觉生寺墙西净地""按大藏内大云轮请雨经依科设坛"③，祈雨活动一般持续举行七日，中间不能间断，如果一个七日未能降雨或者雨量不够，则需要再祝祷七日。嘉庆至光绪时期，觉生寺的祭坛祈雨已经形成了完备的程式，每次以军机处上谕命令开坛（或设坛），进行轮流拈香、轮班住宿祈雨，成功后发上谕撤坛、报谢。而参与祭坛祈雨的人员除了皇帝以外，均为皇室亲贵，如豫亲王裕全、礼亲王全龄、怡亲王载垣、庄亲王绵諿、肃亲王华丰、豫亲王义道、怡亲王载敦、怡亲王溥静、醇亲王载沣、顺承郡王春山、顺承郡王庆恩等，均参与过祭坛祈雨中"拈香"环节，另外共有约82位贝勒、贝子、镇国公、辅国公参与过"轮班住宿祈雨"等④。

大钟寺古钟博物馆现存清代雍正十二年《敕建觉生寺碑》一座，其背面和东侧分别镌有清乾隆皇帝所作瞻礼诗和谢雨诗，而大雄宝殿东配殿耳房则保存有"前班求雨住处"题记（图二），是觉生寺清代举行祭坛祈雨活动中皇帝亲诣拈香、报谢和亲贵轮班求雨等环节的重要实物见证。

（二）清代官方迎请邯郸铁牌进京祈雨

邯郸铁牌祈雨原是河北邯郸当地的民俗活动。据《邯郸县志》记载："圣井岗在县西北二十里，位于输龟河之阳，广袤约十亩，有奇殿宇七十余楹，为邑中庙宇之冠。"⑤庙宇据传建造于元仁宗延祐二年（1315），明正统、嘉靖年间都有重

图二　"前班求雨住处"题记

修。庙中神像前有井，传说"深约丈余，雨不溢，旱不涸，故名圣井"⑥。祈雨铁牌就存储在"圣井"中，"祷雨者捞取井中铁牌供之，辄应"⑦。于是不只邯郸本地人崇尚此种祈雨方式，周围乡民也受其影响，甚至有地方官专门至邯郸龙神庙迎请铁牌祈雨。

圣井岗龙神庙位于今河北省邯郸市西北的圣井岗，现为河北省文物保护单位。现存建筑从南到北依次为戏楼、山门、九龙圣母殿、九龙桥、圣井亭、三霄殿，且多为20世纪90年代重修或复建（图三、图四）。九龙圣母殿内现存古井一口，井口为青石雕砌的神龙，龙的头和颈部垂直矗立于地面，龙身绕井口一周，即为当地传说中的"圣井"（图五）。1986年整修时，共从井内掏出各种金属祈雨牌111

图三 圣井岗龙神庙前戏楼

图四 圣井岗龙神庙圣井亭

图五 圣井岗龙神庙圣井

枚，其中40枚字迹清晰可辨，其余大多数字迹已经辨识不清，现陈列于圣井岗文物陈列室（图六、图七）⑧。祈雨牌质地不一，铜质、铁质居多，锡质少量，史料中所载金质和银质的祈雨牌已经无存。

迎请邯郸铁牌进京祈雨缘起于同治六年（1867）。根据《蕉轩随录》记载："同治丁卯京师亢旱，会稽张霭堂农部（霞）在总理衙门行走，言于恭邸及各堂官，遂属霭堂亲往邯郸请铁牌至京，奉安都城隍庙中。"⑨当时铁牌被供奉在京城

的都城隍庙内，由钟郡王奕詥负责拈香行礼。从史料中可知本次祈雨非常成功，六月二十六日，也就是铁牌到京的第三天，京城就阴雨绵绵，而后又下起了大雨直到晚上才停歇。同治皇帝为表示对祈雨效果的感谢，按照邯郸龙神庙祈雨成功就打造金牌随迎请铁牌一起还回的习俗，下令打造了一面金牌并添置一座金座与铁牌一同还回邯郸龙神庙井底⑩。据庙中现存光绪二十五年（1899）八月所立的《邯郸县圣井岗龙神灵应碑记》（图八）记载："穆宗皇帝命礼部尚书万公青黎至邯郸请铁牌得雨，铸金牌还之，现存邑库，并发帑银三千两敕修庙宇。"⑪现今金牌不知下落。

第一次祈雨的成功使得迎请邯郸龙神庙铁牌进京祈雨的形式被清皇室认可。根据史料统计，清代同治至光绪时期共迎请铁牌进京祈雨九次，分别在同治六年、同治九年（1870）、光绪二年（1876）、光绪四年（1878）、光绪五年（1879）、光绪十五年（1889）、光绪二十五年、光绪二十六年（1900）、光绪二十九年，供奉地点分别在都城隍庙、大光明殿、觉生寺等地，负责拈香供奉的人分别是钟郡王奕詥、礼亲王世铎、怡亲王载敦、顺承郡王

图六 圣井岗龙神庙现存铁牌

图七 圣井岗龙神庙现存铁牌

图八　圣井岗文物管理处藏《圣井岗龙神灵应碑记》

庆恩、惇亲王奕誴、庄亲王载勋、豫亲王本格、肃亲王隆懃、醇亲王载沣等，皆为皇室亲贵。

从掌握的史料看，在光绪二十九年之前，铁牌首先选择的是京城的都城隍庙进行供奉，这与邯郸当地的民俗做法一致，其后移至大光明殿，而后又移到了觉生寺。从这三处地点的史料记载情况来看，频繁变换供奉地点的原因可能与供奉地的损毁事件有关。

北京都城隍庙位于今西城区成方街33号，现为北京市文物保护单位。庙内原供奉有中国传统神祇城隍老爷。《光绪顺天府志》记载，都城隍庙在宣武门内西单牌楼西闹市口城隍庙街，建于元至元四年[12]。而《天咫偶闻》记载："自同治十年庙灾，仅正殿及仪门修复，余则一片瓦砾场而已。"[13]正是由于都城隍庙庙灾，致使其整体建筑较为残破，已

不能胜任供奉邯郸铁牌祈雨的重任。故在同治六年、同治九年两次迎请邯郸铁牌之后，第三次迎请才改在大光明殿供奉。

大光明殿原址位于今北京市西城区西安门大街路南、光明胡同（原光明殿胡同）以西，是一座道教宫观。《日下旧闻考》记载："嘉靖三十六年十一月，大光明殿工成……本朝雍正十一年修，乾隆三十八年重修……大光明殿内奉玉皇……太极殿内奉三清四御……天元阁上奉斗母后土宝月光元君……阁下奉雷声普化天尊……"[14]是皇家专用的道观。光绪二十六年七月，义和团围攻西什库教堂，并在大光明殿搭设炮台，八国联军攻进北京城后，于二十二日"向光明殿炮台处开了两炮，炮台之枪炮立时无声"。到晚八点钟时，"光明殿起了火，又礼王前亭亦烧，西华门外丁字街一带皆火焰冲天……"[15]大光明殿疑毁于此次战火，今不复存。从时间上看，第九次邯郸铁牌祈雨未选在大光明殿供奉，当与其在八国联军侵华时已毁有关。因此，第九次迎请铁牌祈雨才会再次另择场地。

觉生寺的祈雨方式和地理位置可能是决定此次选择此地进行铁牌供奉的原因之一。首先，觉生寺素来为清代皇家祈雨的重要场所，比之如大高玄殿、黑龙潭等其他祈雨场所，觉生寺的祈雨方式为寺外搭建祭坛进行祈雨，这样寺庙本身被空出，如果将铁牌供奉在此地，既可以节省人力物力，又可以让传统的祭坛祈雨与铁牌供奉祈雨相隔离，达到互不影响的目的。其次，觉生寺位于西直门前往颐和园的御路附近，从地理位置上来讲比其他分祷场所更方便皇室成员尤其是光绪皇帝参与祈雨活动。

二、清光绪二十九年觉生寺祈雨活动概述

光绪二十九年的觉生寺祈雨活动始于四月二十五日，其中拈香祈雨前后共举

办了三次，而祭坛祈雨出现了"连坛"，共持续了22日。由于增加了迎请铁牌祈雨，使得祈雨活动的流程也变得更加复杂（表一），全年觉生寺祈雨活动的主要内容有拈香祈雨、祭坛祈雨、供奉铁牌、报谢撤坛、还牌祀谢等环节。

表一　光绪二十九年祈雨流程

活动环节	时间	拈香祈雨	祭坛祈雨	铁牌祈雨
皇帝第一次亲诣拈香	四月二十五日	发上谕觉生寺拈香，亲王分诣		
	四月二十六日	行程事致内务府领侍卫内大臣处拈香路线方案		
	四月二十七日	皇帝亲诣觉生寺拈香		
皇帝第二次亲诣拈香	五月初七日	发上谕觉生寺拈香，亲王分诣		
	五月初八日	行程事致内务府领侍卫内大臣处拈香路线方案		
	五月初九日	皇帝亲诣觉生寺拈香		发上谕陈璧迎请铁牌进京祈雨
第一次开坛祈雨	五月十二日		发上谕拈香、设坛祈雨	
	五月十五日		行程事致内务府领侍卫内大臣处拈香路线方案	
	五月十六日		皇帝亲诣觉生寺拈香开坛祈雨	铁牌到京供奉觉生寺醇亲王载沣供奉
	五月十八日		上谕五月二十三日拈香礼亲王世铎拈香	醇亲王载沣拈香
	五月二十二日		礼亲王世铎拈香一坛祈雨结束	醇亲王载沣拈香
第二次开坛祈雨	五月二十三日		礼亲王世铎分诣觉生寺拈香	醇亲王载沣拈香
	五月二十九日		上谕五月初四日拈香二坛祈雨结束	醇亲王载沣拈香
第三次开坛祈雨	闰五月初一日		礼亲王世铎拈香	醇亲王载沣拈香
	闰五月初三日		礼亲王世铎拈香行程事致内务府领侍卫内大臣处拈香路线方案	醇亲王载沣拈香
	闰五月初四日		皇帝亲诣觉生寺拈香	
	闰五月初五日		礼亲王世铎拈香	醇亲王载沣通融不往
	闰五月初八日		礼亲王世铎拈香三坛祈雨结束	醇亲王载沣拈香
报谢撤坛	闰五月初九日		上谕即行报谢、撤坛	醇亲王载沣拈香上谕送还铁牌恭赍祀谢
	闰五月十二日		礼亲王世铎敬谨恭代拈香撤坛报谢	
亲诣拈香	闰五月二十四日	上谕拈香		
	闰五月二十六日	行程事致内务府领侍卫内大臣处		
	闰五月二十七日	皇帝亲诣拈香		
报谢	六月初十日	上谕拈香报谢，觉生寺派贝子衔镇国将军载振敬谨恭代拈香		
	六月十四日	报谢		

（一）拈香祈雨

拈香祈雨是觉生寺祈雨活动中一种简单且常见的祈雨祝祷形式，亲诣拈香则体现了皇帝的重视程度。在光绪二十九年的祈雨活动中，光绪皇帝共举办了三次亲诣拈香祝祷，分别在四月二十七日、五月初九日、闰五月二十七日，过程都比较简单。

以四月二十七日第一次亲诣拈香为例，首先光绪皇帝会提前在二十五日就发布上谕择定拈香的日期、地点和分诣拈香的地点及人员安排，"京师本年入夏以来，雨泽稀少，现在节届小满，农田待泽孔殷。允宜虔申祈祷。朕于本月二十七日亲诣觉生寺拈香。大高殿着派恭亲王溥伟敬谨前往恭代拈香，时应宫着派醇亲王载沣，昭显庙着派贝勒载瀛，宣仁庙着派贝子溥伦，凝和庙着派贝子毓橚，同于是日分诣拈香。钦此"[16]。

随后在二十六日领侍卫内大臣处将皇帝出行路线方案告知了内务府。方案中详细规划光绪帝的出行时间、路线及其他相关细节，"用膳毕，乘轿出（按：颐和园）东宫门，由路至觉生寺拈香毕，乘轿仍由石路进（按：颐和园）东宫门，诣皇太后前请安，随从办毕至仁寿殿，随从召见毕还玉澜堂……"[17]在二十七日正式拈香后，便完成了一次拈香祈雨活动。

据《醇亲王载沣日记》记载，在第一次拈香祈雨后，五月初一有雨，然而此次降雨并没能对农事有多少助力，于是在五月初七日又发上谕定于五月初九日再次亲诣觉生寺拈香，同时各处再次分诣拈香祝祷，但是依然无果。随后，五月十二日上谕觉生寺开坛祈雨，其他有资格的坛庙也共同开始祈雨活动。

（二）祭坛祈雨

祭坛祈雨是觉生寺祈雨的主要形式。按照惯例设坛前会由皇帝先发上谕阐明设坛的原因，规定设坛日期，并且安排参与的主要人员。如五月十二日上谕，首先说明"现在节临芒种，农田待泽孔殷"[18]，

因此需要设坛祈雨，其后安排了开坛日期——"朕于十六日亲诣觉生寺拈香"[19]，安排了轮班上香祝祷的人员——"觉生寺派醇亲王载沣，贝勒载瀛，散秩大臣恩庆、成瑞，分为两班，轮班上香行礼。并派文煦常川住宿……所有派出之王大臣等，俱着先期斋宿，分诣行礼"[20]。

五月十六日，光绪皇帝一早依然由颐和园东宫门出，从石路到觉生寺为开坛拈香，"卯刻（载沣和诸亲贵大臣）至觉生寺候驾至"[21]。拈香完毕，光绪帝依然按照出行方案返回颐和园，而接下来的祝祷活动则交给亲贵们轮班完成。

这次祈雨活动依然是请京城里的高僧们到觉生寺按照《大云轮请雨经》进行。光绪二十九年的设坛祈雨一共连三坛，即分别从五月十六日至二十二日、五月二十三日至二十九日以及闰五月初一日至初八日，方才全部结束。

（三）供奉铁牌

迎请邯郸龙神庙铁牌进京祈雨的决定是在光绪皇帝第二次独自亲诣拈香的同一天下达。也许是两次拈香祈雨的效果均不理想，五月初九日发上谕："本年京师雨泽稀少，迭经虔诚祈祷，尚未渥沛甘霖，实深寅盼，着派陈璧克日前赴邯郸县龙神庙敬谨迎请铁牌到京供奉，以迓和甘，钦此"[22]。

接到上谕后，身为兼顺天府府尹的陈璧"于本月十一日由京搭坐轮车起程至顺德府，换用舆马敬谨前往迎请"[23]。顺德府即今天河北邢台。

五月十六日早上卯刻，醇亲王与祈雨的王公大臣至觉生寺，等候皇帝到达，诣坛前上早香。随后，陈璧迎请铁牌到京，"仍由轮车至前门车站"[24]。军机大臣面奉谕旨，"着发大藏香一枝"[25]，并派醇亲王载沣即日前往拈香行礼。申刻，醇亲王至觉生寺铁牌前拈香行礼，也因此只好用信函推掉了在觉生寺祭坛上香的差事[26]。五月二十二日奏事处抄出上谕中觉生寺祭坛的拈香负责人

已经改为礼亲王世铎[27]。

（四）报谢撤坛

报谢撤坛是觉生寺祭坛祈雨活动结束的重要标志。按照惯例，每次的报谢撤坛并不算在七日祈雨的活动中，而是单独设定日期进行。光绪二十九年的报谢撤坛活动，是在连坛祈雨后进行。闰五月初九日上谕："本月十二日朕亲诣大高殿拈香，觉生寺着派礼亲王世铎敬谨恭代拈香……大高殿、觉生寺即行撤坛……"[28]

（五）还牌祀谢

按照邯郸龙神庙铁牌祈雨的习俗，光绪二十九年祈雨活动成功以后也照例命人将铁牌送回，并且举行祀谢。据档案记载上谕："着派顺天府府丞李盛铎敬谨送往邯郸县龙神庙，并发大藏香十枝交李盛铎恭赍祀谢，钦此"[29]。

三、清光绪二十九年觉生寺祈雨活动场地略考

祭坛祈雨与迎请邯郸铁牌祈雨并不是同一种仪式活动，因此虽然举办的场地都在觉生寺，但是却并不能在一起同时举办。从史料记载来看，光绪二十九年的祭坛祈雨活动仍然是按照传统在觉生寺西搭建祭坛举行，而迎请邯郸铁牌祈雨的活动则是在觉生寺内进行。

（一）觉生寺祈雨祭坛位置略考

祭坛祈雨一般位于觉生寺西墙外，择洁净地面，根据《大云轮请雨经》要求，祭坛"方十二步以为道场，场中起坛方十步。坛高一尺，用牛粪取新净者周匝泥坛。于坛中央施一高座，座上敷设新青净褥，张新青帐。从高座东量三肘外，用牛粪汁画作龙王一身三头，亦画彼龙左右眷属围绕龙王。从高座南量五肘外，画作龙王一身五头，亦画诸龙左右围绕。从高座西量七肘外，画作龙王一身七头，亦画诸龙左右围绕。从高座北量九肘外，画作龙王一身九头，亦画诸龙左右围绕"[30]。坛上还要供奉杂果苏酪乳糜等物。参与祝祷

的亲贵和僧侣要"升法座时高声读诵此经及咒昼夜不绝。若一七日若二七日，远至三七日……"[31]。从祭坛设置要求和规模来看，也不可能设置在觉生寺内。

但是对于祭坛的具体设立位置目前并没有见到详细的史料记载，唯有御史余上华在光绪四年三月初一上奏的奏折中提到："觉生寺旁向来祈雨立坛之所，俗呼为九龙岗。地稍高而土常润。相传为龙脊发现之地，是以祷雨辄应。"[32]

今从一些老地图中可以找到九龙岗的地名。在民国四年（1915）由当时的内务部职方司绘制的《实测京师四郊地图》[33]中可以看到，九龙岗位于觉生寺之西，大泥湾与小泥湾之东，三间房以南（图九）。在北京颐和园管理处藏《京郊西山名胜图》[34]中也可以发现九龙岗的地名（图一〇）。然而这些地图由于绘制较早，绘图技术并不发达，因此对

图九　1915年《实测京师四郊地图》（部分）

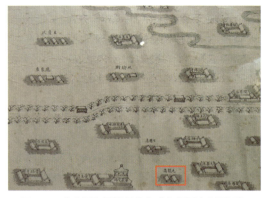

图一〇　北京颐和园管理处藏《京郊西山名胜图》（部分）

于九龙岗的具体方位标注并不精确，需要进一步研究确定。

大泥湾、小泥湾等地均能查出变迁沿革。大泥湾，亦或称大泥洼，原是一片泥塘洼地。1957年，在这片地区开始出现零散居民。1976年10月，中国共产党海淀区委员会在该地盖平房宿舍，形成居民区，仍沿用了原来地名，后形成了现在的大泥湾小区[35]。小泥湾，亦或小泥洼，据传该居民区因地处小泥湾地区而得名。地势较低，下雨积水成洼，当地人起名小泥洼，1949年开始有居民居住，叫成了小泥湾[36]。现在仍可找到大、小泥湾的地名。

除此之外，据传旧时出小西门有两条官道，西北一条通往大钟寺，出小西门沿该路一里为一间房，二里为二间房，三间房则在今翠宫饭店北。这几个"间房"都是一两间房子，屋旁有井，房里存修整清扫路面的工具，以便"净水泼街，黄土垫道"，亦为行人小憩之所[37]。1915年印制的《实测京师四郊地图》上也明确标有"三间房"，通过它也可以为觉生寺祭坛的位置考证做大致定位。

虽然祭坛的准确位置究竟在何处目前尚无法确定，但是可以确认的是祭坛大致应在今大钟寺古钟博物馆（觉生寺）以西、大泥湾社区和小泥湾社区以东、北三环西路以北、翠宫饭店以南的这片区域内（图一一）。

（二）迎请邯郸祈雨铁牌供奉的位置略考

迎请的邯郸铁牌究竟供奉在何处，目前从史料中看并未发现详细记载。但是从醇亲王载沣在光绪二十九年的日记中可以推测，他是在五月十六日早上卯刻（5时至7时）与参与祈雨的王公大臣到达觉生寺参加祭坛祈雨的。随后，得到军机大臣面奉谕旨，铁牌已经到京在觉生寺供奉，并要求载沣负责拈香供奉。申刻（15时至17时）时醇亲王才到达铁牌前进行拈香行礼[38]。可见铁牌祈雨和觉生寺祭坛祈雨虽同时进行，但邯郸龙神庙铁牌供奉地

应在觉生寺内。

清代觉生寺总体建筑分为东、中、西三路，中路为佛寺主体建筑，前后分为五进院落，现仍保存完整，前后主体建筑依次为山门殿、天王殿、大雄宝殿、观音殿、藏经阁、大钟楼，以及各殿东西配殿、翼楼、围房等。东路为方丈院落、马厩、膳房等，现主体建筑已经无存。西路为御坐房，现主体建筑及格局已无存。

从寺庙总体功能判断，铁牌应供奉在寺庙中路殿宇中。

四、清光绪二十九年觉生寺祈雨活动的参与机构人员和费用

（一）祈雨活动的负责机构

按照日常管理规定，觉生寺的大部分工作均由内务府负责管，而祈雨活动中主要负责的部门也是内务府。但是由于光绪二十九年的祈雨活动涉及皇帝出行、迎请邯郸铁牌等问题，因此活动涉及的负责机构衙署也增多。比如，侍卫处、顺天府等也或多或少地参与了此次活动。

1.内务府

在整个祈雨活动中内务府依然是主要负责机构。内务府[39]，在清代主要掌宫廷事务，自成系统，与外廷职官无涉。主管为总管大臣，由满族王公或满族大臣兼充。内务府下属五十多个机构，如广储司主要负责六库出纳，营造司主要负责本府缮修、厂材饬工，掌仪司主要掌管本府的祭祀等事务，上驷院主要掌管宫廷所用马匹，奉宸苑主要掌管有关园囿的事务，等等。

在光绪二十九年觉生寺祈雨活动中，内务府主要担任物资供给等工作。它所隶属的广储司、营造司、掌仪司、慎刑司等均是此次活动的主要参与者。比如，广储司下属的银库主要负责各项费用的报销工作，磁库负责祈雨仪式中五供器的准备和修缮工作，而衣库、缎库则准备相关彩帐、坐垫等物品。再比

图一一 觉生寺祭坛所在区域推测示意图（截取自2020年2月10日百度地图）

如，营造司下属的房库负责准备人员住宿事宜，木库则负责搭建祭坛的各种木工，器皿库负责准备相应物品。掌仪司下属的果房则负责准备供奉祭坛和铁牌的各种瓜果贡品。而慎刑司下属管辖的番役处则派遣番役头目等，应是在祭坛祈雨过程中履行监察、缉捕职责。

2. 侍卫处

侍卫处，在清朝主要是随侍皇帝的警卫机构。其职责为掌上三旗侍卫亲军，以负责宿卫扈从之事，具体警卫事务分为警卫禁城及御前警卫、扈从警卫等。"行幸驻跸如宫禁制。朝会、祭祀出入，则卫官填街，骑士塞路。领侍卫内大臣、侍卫班领，帅豹尾班侍卫。散秩大臣、侍卫什长，执纛亲军以供导从"[40]。

在整个祈雨活动中，侍卫处主要承担着祈雨活动的安全工作，尤其是皇帝的安全。皇帝的每一次出行，都需要侍卫处将路线规划方案告知内务府，以便于方案顺利执行。

3. 顺天府

顺天府，明时设于京师（今北京），清代沿用。顺天府主要负责京畿的行政、司法、钱粮、治安、救济等多项事务，同时还有迎春、祭先农之神、奉天子耕猎等事。设有尹、丞各一人。其属包括通判、经历司经历、照磨所照磨等。康熙二十七年（1688）设四路同知，雍正元年（1723），特简大臣领府事，号兼尹。乾隆八年，定为二十四州、县[41]。

由于此次祈雨活动增添迎请铁牌入京祈雨的活动，因此其中各项事宜也添加了不同的机构官员负责。顺天府主要负责迎请送还事宜，而官员则一般选择兼顺天府府尹、顺天府府尹、顺天府府丞，或者是顺天府派员等。

（二）祈雨活动的人员

祈雨活动涉及的人员较为广泛且数量众多，主要可以分为参与祭祀的皇室亲贵、参与祭祀的僧侣、负责各项工作的官员，以及各处工匠、仆从人员等。而进行这些工作的人员选拔却有着不同的标准。其中祭祀人员主要是由其身份决定，如皇室亲贵、僧录司僧侣等。而负责各项实际工作的官员、各处工匠、仆从人员等均由其官职决定，与此人的身份无碍。

1. 参与祭祀的皇室亲贵

光绪二十九年觉生寺的祈雨活动中，负责祭祀的主要人员是醇亲王载沣、礼亲王世铎、贝勒载瀛、散秩大臣恩庆、散秩大臣成瑞等，皆为皇室亲贵。如，醇亲王载沣（1883—1951）是清宗道光帝之孙、醇亲王奕譞第五子、光绪帝载湉异母弟。光绪二十九年时，他担任皇帝的随扈大臣一职。由于载沣同时也要负责对铁牌的供奉拈香，无法兼顾，因此临时换了礼亲王世铎担任祭坛的拈香工作。礼亲王世铎（1843—1914），满洲正红旗，礼烈亲王爱新觉罗·代善九世孙、爱新觉罗·全龄第三子[42]，光绪二十七年（1901）授御前大臣，即常日侍直于皇帝左右，逢皇帝出宫巡幸，与领侍卫内大臣任后扈大臣[43]。

而贝勒载瀛和散秩大臣恩庆、成瑞负责的是轮班上香行礼工作，文熙为常川住宿的工作，皆为皇室亲贵。如爱新觉罗·载瀛，为道光帝孙、惇勤亲王奕誴第四子。初封二等镇国将军，加不入八分辅国公衔，后袭贝勒[44]。

2. 参与祭祀的僧侣

在祭祀活动中除了皇室亲贵，最为重要的当是负责唪经的僧众。在光绪二十九年的祈雨活动中总共用了僧人十一名，即每日监坛僧一人，僧众十人[45]。

3. 负责各项工作的官员

光绪二十九年的祈雨活动中，因迎送铁牌的工作归顺天府管理，因此负责迎请铁牌的是兼顺天府府尹陈璧、负责送还铁牌的是顺天府府丞李盛铎。陈璧[46]，字玉苍，福建闽县（今闽侯县南通镇苏坂村）人，光绪元年（1875）赴考，以"经文策问冠场"，光绪三年（1877）进士及第，光绪十四年（1888）六月任内阁中书，先后担任补宗人府主事、充铸印局掌印、补授山西道监察御史、太仆寺少卿兼顺天府府尹并会办五城事宜，以及主持修建东西陵工程、商部右侍郎等重要职位。而李盛铎[47]（1859—1934）是江西省德化县（今江西九江市）人，光绪五年中举人，十五年一甲进士授为翰林院编修，先后担任补江南道监察御史，赏给三品卿衔以四品京堂候

补充出使日本国大臣，补授内阁侍读学士，补授顺天府府丞、署理太常寺卿等职位。两人皆是汉族人，并非皇亲国戚，因此担任祭祀中的工作完全是其职位决定的。从迎请邯郸铁牌的传统风俗来看，迎请铁牌的必为祈雨地的主要官员，因此京城迎请自然也是顺天府官员负责。

祭祀中负责后勤的主要是内务府，所以人员自然由内务府的官员担任。如负责祭祀的掌仪司和负责缮修的营造司在祈雨开始前就会派员前往展开准备工作，其中包括司员、内管领、笔帖式等。司员[48]也称"司官"，清朝中央各独立机构如府、院、寺、监等的属官，对其长官自称为司员。此次祈雨活动中，掌仪司、营造司均各派遣了司员二人负责本司在活动中的各项工作[49]。

内管领[50]又名"上三旗包衣管领"，是内务府三旗基层编制单位的长官之一，掌本管领下之户籍、奉饷、赏恤、养赡及军械、水器等事务，并承应宫中各项差务。本次祈雨活动中，营造司就派遣了内管领二员参与工作[51]。

笔帖式[52]则是办理文字及文档工作的书记官。此次祈雨活动除了掌仪司和营造司派遣了笔帖式达他外，内务府堂上也派遣了照料笔帖式八人参与工作[53]。

4. 各处备差、工匠、仆从人员

在此次祈雨活动中，工匠、仆从人员人数是最多的，主要负责各种低等级的工作。如：缎库派遣祭坛和铁牌供奉处各库使两人，各匠役两人[54]，而木库、房库、器皿库、画匠房、铁作等则共派遣了安差达他匠役三十八名、撤差达他匠役三十一名、备差达他匠役四十一名[55]。另外还有负责摆茶的茶役、打扫坛场的苏拉、庙役等。

（三）祈雨活动的费用

一次祈雨活动不仅涉及的官员、衙署众多，还涉及了诸多费用，主要包括人员费用、饭食茶点费用、祈雨祭坛搭建费用、供器修补费用、贡品费用等

表二　光绪二十九年觉生寺祈雨费用统计表

上报时间	上报机构	支出名目	银两数目
光绪二十九年闰五月十二日	掌仪司	觉生寺开坛祈雨并由直隶邯郸县请到铁牌供奉觉生寺派出掌仪司司员、备差官役饭食并茶水银两	一百四十九两八钱
光绪二十九年闰五月十二日	掌仪司	觉生寺二坛祈雨并由直隶邯郸县请到铁牌供奉觉生寺派出掌仪司司员、备差官役饭食并茶水银两	一百四十九两八钱
光绪二十九年闰五月十六日	掌仪司	觉生寺三坛祈雨并由直隶邯郸县请到铁牌供奉觉生寺派出掌仪司司员、备差官役饭食并茶水银两	一百七十一两二钱
光绪二十九年闰五月二十日	管辖番役处	五月十六日起觉生寺祈雨派出在彼常川备差之番役头目松俊等赏给银两	六十两
光绪二十九年六月初四日	衣库	觉生寺开坛祈雨修补需用青布办买并工价及恭请铁牌祈雨在觉生寺供奉用黄缎布匹办买并工价银两	二百五十九两二钱四分三厘
光绪二十九年六月十四日	缎库	觉生寺开坛祈雨及铁牌到京在觉生寺供奉祈雨派出库使、匠役应得口分银两	四十二两三钱二分
光绪二十九年六月十五日	磁库	觉生寺祈雨及供奉铁牌所有用过工料并派出听差人役饭食等项银两	二百五十三两一钱
光绪二十九年六月二十六日	掌仪司	觉生寺开坛祈雨僧众斋饭银两及茶水灯烛等项银两	一百一两二钱
光绪二十九年七月初七日	营造司	觉生寺供奉开坛祈雨，房库、木库、器皿库、铁作、画匠房等上棚糊饰顶棚活计租赁桌张支搭交手并应用一切什物等项活计油饰彩画糊饰共用工价银两	一千八百九十四两四钱一分
光绪二十九年七月初七日	营造司	支领光绪二十九年五月至闰五月觉生寺开坛祈雨各库作备差达他匠役应得口分银两	一百三十一两五钱六分
光绪二十九年七月初八日	掌仪司	觉生寺雨坛前及供奉铁牌前应用鲜果所需银两	约九十两
光绪二十九年七月二十五日	掌关防管理内管领事务处	觉生寺设坛祈雨备办御案前供献等项并雇觅茶役人等所需银两	大制宝钱九百二十九串六百五十文

（表二）。

1. 人员费用

主要包括参与祈雨活动各个部门官员、人役的饭钱，上香住宿王公、大臣的茶水钱，僧侣的斋饭钱等，以及匠役的口分银和番役的赏银。按照规定，如掌仪司司员、营造司司员、内管领、堂派照料笔帖式等官员，每人每日应得饭食银四钱；如跟随监坛人役、堂上听差人役、两司承差人役等，每人每日应得饭食银二钱。而上香住宿王公、大臣等人的茶水每日约三两[36]；如缎库库使每名每日应得口分银二钱，匠役每名每日应得口分银一钱三分[37]。而僧侣的斋饭费用根据工作性质有所不同，如监坛僧每人每日斋饭银三钱，僧众每人每日二钱，庙役每人每日一钱[38]。

另外，营造司安差达他匠役三十八名、撤差达他匠役三十一名和各库作备差达他匠役四十一名共得口分银一百三十一两五钱六分[39]；管辖番役处在觉生寺祈雨处派出的常川备差的番役头目八名则获得赏银共计六十两[40]。

2. 物资费用

主要是祭坛所使用的各种布置材料、搭建材料的费用，供器养护费用，以及供品的费用等。

例如，衣库此次上报修补觉生寺开坛祈雨应用青布凉棚、买办青布黄缎布匹以及工价，共需实银二百五十九两二钱四分三厘[41]。磁库上报修理打造觉生寺祈雨所要用到的锡三供等工料及听差人役饭食共需实银二百五十三两一钱[42]。果房上报觉生寺雨坛前和供奉铁牌前更换鲜果供红梨、秋梨、杏等[43]，用银约在九十两左右。

然而，这些物资的费用一方面是在活动后报销领取，一方面是需根据当时的物价核算，因此还出现了上报后核减费用的情况。

如房库、木库、器皿库、铁作上报制作祈雨铁牌架子、龙王牌、幡架等共需实银三千九百五十六两六钱，后经核减三成后，在此基础上需再核减五成，最后共需实银一千三百八十四两八钱一分。画匠房觉生寺开坛祈雨所需油饰彩画糊饰工价经核减后共计实银五百零九两六钱[64]。

综上，仅根据现存的核销档案统计，光绪二十九年的祈雨活动仅祭坛祈雨和铁牌祈雨，就花费了三千三百零二两六钱三分三厘，另加大制宝钱九百二十九串六百五十文，而这些费用均是由内务府广储司所属银库来统一负责报销。

五、结论

祈雨作为中国古代重要的农事祭祀活动之一，在清代成为国家级祭祀活动后，逐渐受到清皇室的重视，其不仅分为"常雩"和"大雩"，同时还伴有分祷和群祀。根据《清史稿·礼志》中对雩祀和群祀的记载，都未见关于觉生寺祈雨的记述，然而从清代觉生寺祈雨的次数、仪式流程和清皇室的重视程度上看，觉生寺的祈雨活动当是诸多皇室（或官方）额外分祷的一种。觉生寺祈雨的仪式流程既具有其他分祷地点的普遍特色，但又不同于在圜丘、天神、地祇等举行的"常雩"和"大雩"，以及如时应宫祭祀雨神、昭显庙祭祀雷神、黑龙潭祭祀龙神等分祷和群祀，其具有自身较为鲜明的特色，即在寺院根据《大云轮请雨经》建坛、由僧侣诵经的祈雨形式，对于研究清代皇家祈雨，特别是分祷和群祀的研究具有一定补充和较为独特的参考价值。

从光绪二十九年觉生寺的祈雨活动来看，它包含了拈香祈雨、祭坛祈雨、铁牌祈雨三种形式，较为全面地展现了清代分

祷祈雨活动的内容。而且，该年的祈雨活动并非一次而成，而是由连续的皇帝亲诣拈香、设坛祈雨、迎请铁牌等环节组合而成，从拈香祈雨、祭坛祈雨、供奉铁牌、报谢撤坛、还牌祀谢等各环节看，祈雨活动流程之繁杂，涉及的人员、衙署、费用之多，政令之间衔接之紧密，不仅反映出觉生寺祈雨到光绪年间已经根据礼仪进行了规范，形成了较为规律且完备的模式与流程，同时可以看出清皇室把觉生寺祈雨放到了一个较为重要的地位。

除此之外，光绪二十九年的觉生寺祈雨出现的祭坛祈雨和供奉邯郸铁牌祈雨，是两种共同进行的不同祈雨形式，不仅对觉生寺祈雨功能的进一步研究提供了一个较新的方向，同时进一步佐证了觉生寺祭坛祈雨并非在觉生寺内进行的事实，对研究清代觉生寺建筑群及相关设施的布局和功能复原都提供了一定的借鉴意义。当然，需要指出的是关于觉生寺祈雨祭坛和邯郸铁牌供奉觉生寺的位置，本文只是做了初步的探讨，其确切位置还需要发掘更多的历史资料来加以确定。

① 大钟寺古钟博物馆：《古韵钟声》，北京燕山出版社，2014年，第3页。

② 《清史稿》，中华书局，1977年，第2512页。

③ 中国第一历史档案馆奏销档，348—112，乾隆四十三年五月初九日《奏为令众僧人于觉生寺设坛唪经等事折》。

④ 王申、程呈：《觉生寺"前班求雨住处"题记与清代觉生寺祈雨》，《北京文博文丛》2017年第3辑。

⑤⑥⑦ [清] 杨肇基：（乾隆）《邯郸县志》卷三《地理志·名胜》，北京友文印书局，民国二十九年，第24页。

⑧ 贾自巍：《北方龙母 道教丛林：圣井岗》，中国文史出版社，2008年，第22页。

⑨ [清] 方濬师撰、盛冬铃点校：《蕉轩随录 续录》，中华书局，1995年，第449页。

⑩ 中国第一历史档案馆藏上谕档，同治六年六月

二十七日。

⑪圣井岗文物管理处藏《圣井岗龙神灵应碑记》。

⑫[清]周家楣、缪荃孙等：《光绪顺天府志》，北京古籍出版社，1987年，第153页。

⑬[清]震钧：《天咫偶闻》，北京古籍出版社，1982年，第103页。

⑭[清]于敏中等：《日下旧闻考》，北京古籍出版社，1983年，第665—666页。

⑮王玛弟亚：《王司铎日录》，中国社会科学院近代史研究所《近代史资料》编辑组：《近代史资料专刊：义和团史料（下）》，中国社会科学出版社，1982年，第620—622页。

⑯中国第一历史档案馆藏，05-13-002-000338-0054，《为祈雨皇上亲诣觉生寺拈香大高殿等处派恭亲王等员拈香事》。

⑰中国第一历史档案馆藏，05-13-002-000338-0059，《为知照皇上至觉生寺拈香并诣皇太后前请安等行程致内务府》。

⑱⑲⑳中国第一历史档案馆藏，05-13-002-000338-0090，《为祈雨皇上亲诣觉生寺拈香并着遴选道众在大高殿祈祷遴选僧众在觉生寺讽经等情事》。

㉑[清]爱新觉罗·载沣：《醇亲王载沣日记》，群众出版社，2014年，第132页。

㉒中国第一历史档案馆藏上谕档，光绪二十九年五月初九第2条。

㉓㉔中国第一历史档案馆藏，05-13-002-000338-0084，《为着陈璧前往直隶邯郸县龙神庙迎请铁牌到京供奉祈雨先期查照预备事致内务府》。

㉕中国第一历史档案馆藏，05-13-002-000338-0097，《为前饬陈璧迎请铁牌现已到京在觉生寺供奉着发去大藏香一枝派醇亲王载沣即日前往拈香行礼事》。

㉖[清]爱新觉罗·载沣：《醇亲王载沣日记》，群众出版社，2014年，第133页。

㉗中国第一历史档案馆藏，05-13-002-000338-0109，《光绪二十九年五月二十三日觉生寺等处遣礼亲王等拈香单》。

㉘中国第一历史档案馆藏，05-13-002-000338-0135，《为谢雨皇上亲诣大高殿拈香觉生寺着派礼亲王恭代拈香等情并大高殿觉生寺即行撤坛事》。

㉙中国第一历史档案馆藏上谕档，光绪二十九年闰五月初九第2条。

㉚《新编缩本乾隆大藏经》，《大云轮请雨经》，中国台湾新文丰出版公司，1992年，第374—375页。

㉛《新编缩本乾隆大藏经》，《大云轮请雨经》，中国台湾新文丰出版公司，1992年，第375页。

㉜中国第一历史档案馆藏，03-5529-023，《奏请派员查明总管内务府大臣茂林占官地立私坟宜从严治罪事》。

㉝内务部职方司测绘处：《实测京师四郊地图》，民国四年，国家图书馆藏。

㉞北京颐和园管理处藏《京郊西山名胜图》。

㉟㊱《海淀区地名志》编辑委员会：《北京市海淀区地名志》，北京出版社，1992年，第130页。

㊲《海淀区地名志》编辑委员会：《北京市海淀区地名志》，北京出版社，1992年，第62—63页。

㊳[清]爱新觉罗·载沣：《醇亲王载沣日记》，群众出版社，2014年，第132—133页。

㊴《清史稿》，中华书局，1977年，第3421—3426页。

㊵《清史稿》，中华书局，1977年，第3364页。

㊶《清史稿》，中华书局，1977年，第3333—3335页。

㊷《清史稿》，中华书局，1977年，第8980页。

㊸《清史稿》，中华书局，1977年，第3365页。

㊹《清史稿》，中华书局，1977年，第9100页。

㊺58中国第一历史档案馆藏，05-13-002-000339-0054，《为觉生寺开坛祈雨僧众庙役等应给口分灯烛等项银两请由广储司银库领取事致堂查核处》。

㊻[清]陈璧著、陈宗蕃辑：《望岩堂奏稿》，朝华出版社，2018年，第11—33页。

㊼秦国经：《中国第一历史档案馆藏清代官员履历档案全编》第8册，华东师范大学出版社，1997年，第757页。

㊽朱金甫、张书才：《清代典章制度辞典》，中国人民大学出版社，2011年，第198页。

㊾51535 6中国第一历史档案馆藏，05-13-002-000338-0145，《为请领觉生寺开坛祈雨并由直隶邯郸县到铁牌供奉觉生寺派出掌仪司司员等应得银两事致堂查核处》。

· 34 ·

㊿朱金甫、张书才：《清代典章制度辞典》，中国人民大学出版社，2011年，第92页。

52朱金甫、张书才：《清代典章制度辞典》，中国人民大学出版社，2011年，第582页。

54 57中国第一历史档案馆藏，05-13-002-000339-0022，《为大高殿觉生寺开坛祈雨等事宜安设彩绸等差务库使匠役应得口分银两批交银库照数给发事致查核处》。

55 59中国第一历史档案馆藏，05-08-030-000497-0036，《为支领光绪二十九年五月至闰五月觉生寺开坛祈雨各库作备差达他匠役应得口分银两事等》。

60中国第一历史档案馆藏，05-13-002-000338-0164，《为转饬银库照数发给觉生寺祈雨派出在彼常川备差之番役头目松俊赏给银两事致查核处》。

61中国第一历史档案馆藏，05-13-002-000339-0007，《为修补觉生寺开坛祈雨应用青布凉棚等项买办青布黄缎布匹并工价用过银两向银库领取事致堂查核处》。

62中国第一历史档案馆藏，05-13-002-000339-0024，《为呈明修理打造觉生寺祈雨需用锡三供等物用过工料并派出听差人役饭食等项银两事》。

63中国第一历史档案馆藏，05-13-002-000339-0078，《为大高殿觉生寺开坛祈雨更换鲜果供共用银两转交银库照数发给事致堂查核处》。

64中国第一历史档案馆藏，05-08-030-000497-0035，《为支领成做觉生寺供奉开坛祈雨应用铁牌架子等项所需银两等事等》。

（作者单位：大钟寺古钟博物馆）

历史空间中的永乐大钟

霍司佳

北京觉生寺内大钟楼，悬有明代永乐年间所铸大铜钟一口，今人多称之为永乐大钟（图一）。钟体通高5.5米，下沿口径3.3米，重约46吨，内外表面满布约23万字佛教经文[①]。历经近六百年的时光，大钟仍以完整的面貌呈现在世人眼前，现作为大钟寺古钟博物馆的一项展品存在，每至新年时都会被敲响。

前人对永乐大钟的研究，包括相关历史事件的梳理、铸造目的、铸造工艺、铭文考证及大钟的声学、力学性质，解释了众多基本问题[②]。在叙述大钟的历史时，一般以它的三次迁移为分期界点，并指出其用途的变化，如"皇家佛事法器—民间佛事法器—皇家祈雨法器—辞旧迎新的象征"[③]。从使用者的角度看待永乐大钟的历史，确实可以较为简洁地概括出器物在不同环境中的使用情况。不过，由于场所的变换和时代的变迁，对永乐大钟之历史的考察不应仅限于用途的演变。本文尝试转换视角，探讨这口广为京城民众所知、在诗文方志中留下了众多踪迹的大钟，究竟存在于怎样的历史空间中，以及空间关系如何作用于观者、听者，引导他们以不同方式理解大钟。

一、大钟的视觉分析

探讨大钟在历史空间中扮演的角色，需要先对它本身进行较为详细的分析，尤其是视觉方面的分析。有关大钟的外观特征及其视觉效果，以往研究未能尽详，多停留在对其形制的描述上。本节将从大钟本身的视觉特点出发，讨论大钟能够进入不同空间、被不同历史时期的人们赋予不同解读的前提。

永乐大钟外观最为显著的特点之一是其巨大的体量。收藏有大量历代铜铁钟的北京大钟寺古钟博物馆，其藏品的高度多在1～2米之间。与它们相比，5.5米高的永乐大钟格外引人注目。这样的体量使它不仅能被看作一件可发声的器物，而且具有了接近建筑或其他坚实、稳固的巨大物体的性质。晚明刘侗、于奕正合著《帝京景物略》写及该大钟废弃于地时，"古

图一 觉生寺永乐大钟
（采自《北京文物精粹大系·古钟卷》）

色沉绿，端然远山"④，以山脉比喻沉寂的大钟。铸造巨型大钟的做法始自明初洪武时期。洪武八年（1375），朱元璋曾令江阴侯吴良在凤阳府监铸大钟一口，宋濂撰《凤阳府新铸大钟颂》详细描述了其尺寸："钟高十六尺有五寸，厚六寸，径十尺有五寸，围三十四尺五寸有奇。"⑤该钟高度超过5米，惜今已不存。今北京钟楼上所悬大钟也是永乐年间所铸，比觉生寺永乐大钟还要稍大些⑥。值得一提的是，永乐时期的大型皇家造物工程除了铸大钟，还有制作大型石碑。

图二 永乐大钟（局部）
（采自《北京文物精粹大系·古钟卷》）

南京阳山遗存有明成祖朱棣下令开采的碑材，根据遗留下来的石材推测，若此碑建成，总高将接近40米⑦。大钟和大碑的巨型尺度都使得它们超越了原本的功能，仅仅是存在本身就已足够令观者产生心理上的震撼。这种震撼不仅来自尺度，还来自巨型尺度背后暗含的权力，即对如此巨大工程的控制。英国学者阿尔弗雷德·盖尔（Alfred Gell）在其《艺术与能动性》（Art and Agency）一书中提出，物是一种社会性存在，可对社会中的其他事物包括人产生能动影响⑧。巨大并隐喻着权力的永乐大钟在参与构成空间的同时，也具有作用于人的潜力。

大钟的另一个重要特点，就是它所有可资利用的表面，都被佛经文字占据。除了钟体内外表面，其钟唇、钟钮和悬挂结构上也都布满文字。据相关研究，大钟内外表面分布有汉文经咒共16种，占据绝大部分表面积⑨；梵文经咒则主要分布在钟钮悬挂结构和钟体顶部、钟唇边缘等位置，有一百多种⑩。若靠近观察，能发现文字十分规整，竖列严格对齐，字径大小统一（图二）。在一种经咒结尾处，紧接着另一种经咒的开头，而不是另起一行。这使得大钟表面除了靠近圆形钟月的区域

以外，几无任何留白。可见，铭文的排布经过了严格的计算，铭文书写、刻模和铸造都处在严密控制下，呈现出皇室造物的特点，昭示着"帝力"所在⑪。多项研究表明，永乐大钟上的铭文内容展现出很强的明成祖朱棣的个人色彩⑫。例如，经咒中所占面积最大的是明成祖御制的《诸佛世尊如来菩萨尊者神僧名经》，约13万字，占大钟表面积一半多。此外，明成祖曾为许多部佛经、咒文御制序文，其中包括铸于大钟上的《大悲总持经咒》《佛顶尊胜总持经咒》《妙法莲华经》和《金刚般若波罗蜜经》。北京大钟寺古钟博物馆的研究人员已经为我们揭示出，为了将《大明神咒回向》中的"敬愿大明永一统""敬愿皇图万世隆"等语句安排在靠近"大明永乐年月吉日制"钟月牌位附近，整体铭文的排布经过了精心设计（图三）。此项发现固然极为重要，但如果我们将目光从放大了数倍的图片中抽离，抬头凝视整口大钟，就会产生这样一种强烈的感受：密密麻麻的佛经仿佛文字的海洋，虽然每个字都规整清晰，但观赏大钟铭文整体的视觉体验超越了观者细读文字的意愿。佛教中恢弘巨大的数量观念，被直观地展示出来⑬。同时，大钟的体量

也决定了经文难以被细读。因此，对于一个并不熟知大钟制造过程和表面经文内容的观者来说，对钟上佛经的"观看"优先于"阅读"。

此外，大钟表面满布佛教经文的特点，还为大钟能够进入不同历史空间提供了可能性。在这里，我们可以将永乐大钟与北京地区的其他明清时期梵钟作对比：它们有的在钟裙部位铸出"皇图巩固"的字样，有的将"皇图永固 帝道遐昌"等字置于钟体牌位中（图四）。对于高1～2米的钟来说，这些字的位置和大小使其易于被观者看到。另外，这些钟上多有捐资者姓名，以铭记他们铸钟的功德。相比之下，永乐大钟的铭文纯是经咒，看起来客观而冷漠。从整体形式来看，铭文并没有特别突出某种祈愿，也没有留下任何臣子或工匠的姓名，即使它"相传为沈度笔""少师姚文荣公监造"[⑭]。这件未表现出明显倾向或归属的巨大器物，极其容易被后世人重新利用。根据文献资料可知，大钟在铸钟厂铸成后，便被迁移至汉经厂，并在汉经厂存放直到明万历时期[⑮]。关于大钟在汉经厂的使用情况，文献未有确切

图三 位于钟月牌位附近的"敬愿大明永一统"
（图中红方框处，采自《发现永乐大钟》，笔者改绘）

记载，但结合一些晚明诗文对大钟的描写，可合理推测它仅是被"藏"在此处而未经使用[⑯]。永乐大钟真正进入具有公共性的空间、被公众观看或聆听，应始于迁出汉经厂之时。

二、万寿寺：奇观空间与奇物

万历五年(1577)，李太后命太监冯保在西直门外七里广源闸西兴建万寿寺，其主要功能为进行佛事活动和藏经[⑰]。万寿寺在一定程度上承继了汉经厂的部分职能，如汉经厂的汉文佛经就曾移贮其中[⑱]。不过，作为一所真正的皇家寺院，万寿寺的建筑更为华丽，佛事活动的场面更为震撼。《万历野获编》记载[⑲]：

重楼复榭，隐暎蔽亏，视慈寿寺又加丽焉。其后垒石为三山，以奉西方三大士，盖象普陀、清凉、峨眉，凡占地四顷有奇，亦浃岁即成。时司礼故大珰冯保领其事，先助万金，洺邸及诸公主诸妃嫔，以至各中贵，无不捐资。其藻绘丹艧，视金陵三大刹不啻倍蓰。盖塔庙之极盛，几同《洛阳伽蓝记》所载矣。予再游万寿寺时，正值寺衲为主上祝釐，其梵呗者几千人，声如海潮音。

从这段记载可知，万寿寺面积广大，不仅建筑精美，还筑有三座假山，形成独特的寺院空间。故宫博物院藏清光绪年间

图四 红螺寺铜钟（局部）
（采自《北京文物精粹大系·古钟卷》）

《万寿寺建筑格局图》中，仍能看到宏丽的假山与园林。万寿寺在皇室人员和掌权太监的资助下建成，会在特定的日子举行祝釐活动，场面宏大。这样的寺院，已不仅仅是皇家佛事活动和藏经之所，还是游人好至之地。万寿寺位于北京西郊，其地风景优美，出西直门沿长河前行可以很方便地到达。《宛署杂记》曰："县之正西有二道，一出阜成门，一出西直门。"⑳《帝京景物略》"万寿寺"一条后辑有九首写万寿寺的诗歌，也可说明已有不少文人墨客前来游赏㉑。

随着汉经厂所贮经文移往万寿寺，永乐大钟也于万历三十五年（1607）被迁移至此㉒。过往研究多引用袁宏道《万寿寺观文皇旧钟》诗的其中一句来说明移钟之盛况，即"道傍观者肩相摩，车骑数月犹驰逐"㉓。如此庞大之物的移动，是北京城内的一个奇观。关于大钟迁移的方法，有民间故事提及是在沿途凿井浇水于地，至冬天冻结成冰后，再沿此路以畜力拉动㉔。明代贺仲轼《两宫鼎建记》中有对运输故宫营建所需大石料的记载，说明这种移动重物的方式确实曾在明代被采用过："每里掘一井，以浇旱船、资渴饮……""比时天寒地冻，正宜趁时发运"㉕。从明清北京地图来看，汉经厂与万寿寺间多有水系，如什刹海、护城河等，因此有条件使用"浇旱船"的方法。这种特别的运输方式与体量巨大的器物结合在一起，能够给城中居民留下奇特的印象。

大钟作为一件"奇物"的性质，在它到达万寿寺以后变得更为明显了。从一些诗文资料中，可以得知它在寺中的大致位置。明人蒋一葵《长安客话》记载："寺有方钟楼，前临大道，楼仅容钟。"㉖清代文献亦记载万寿寺有"左钟楼，前临大道"㉗。总的来看，大钟位于万寿寺东路建筑最前方，靠近传统寺院布局中钟楼的位置，而且专门建有方形钟楼来容纳它（图五）。这个位置对于前来观览的人来

说相当显眼，并且独特的建筑能使人一眼就辨认出大钟所在。撞大钟成为寺院的日常活动，每天需由多至六位僧人配合一起击钟㉘。大钟为原本就富丽非常的寺院空间更添一种奇观，形成"登楼观者齐摩肩"的盛况㉙。前述明末《帝京景物略》所载九首万寿寺诗歌中有六首专写大钟，多赞叹洪钟之美与文皇功业，如胡恒《万寿寺钟》㉚：

先皇愿力超人天，镕金铸钟蛟龙缠。
一击渊渊震大千，十万八千灵文全。
我踏春烟春寺前，中官指入桃花烟。
拜手摩挲魂悄然，满字半字弥中边。
金火结成笔墨缘，神工非冶亦非镌。
九牧贡金大地然，持比贝叶孰脆坚。
心心有佛薪火传，万寿寺钟日月悬。

诗人在春天踏入这个鲜花盛开的奇妙空间，被大钟所吸引，除了观看之外，还"拜手摩挲"，忍不住伸出手抚摸钟上轻微凸起的铭文。对大钟材质、形态和铭文书法的描绘贯穿在这些诗歌中，并为清

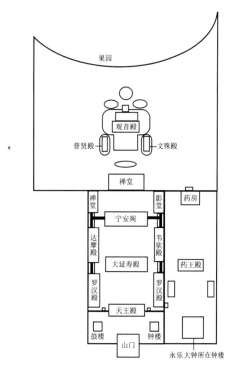

图五　万寿寺明代平面布局示意图
（据《北京考古集成》第9册所载《万寿寺选址成因考》文中插图改绘）

代的众多"大钟歌"诗所继承。柯律格（Craig Clunas）曾在《长物》一书中谈论了晚明的文化消费及由此生出的对于"物"的敏感，例如明代文震亨《长物志》中对各类物品的色彩、装饰物和尺寸都进行过精确描述㉛。在这样的时代风尚熏染及万寿寺奇观空间的影响下，钟上佛经铭文的具体内容变得不那么重要，人们更多地将大钟表面满布的佛经看作它的一个奇特之处，并且还加上其他的想象：袁宏道诗描述大钟时说它"外书佛母万真言，内写杂花八十轴"，但实际上大钟内外表面全是文字，没有所谓的"杂花八十轴"。可见，他并未钻到钟的内部观察它，而是努力以一件奇特器物应有的样子去想象、补全它。另外，也正是在万寿寺期间，"华严钟"的名字及大钟"内外书华严八十一篇"的说法开始广为传播。在对佛经没有过深入研究的人们眼里，这一简单的名字就足以显现出其梵钟的性质，且便于记忆，虽然钟上并无《华严经》㉜。

在有关万寿寺永乐大钟的诗作中，大钟的声音也被反复描写。胡恒诗中写"一击渊渊震大千"，池显方《万寿寺钟》"忽然鲸吼震宇宙"，林养栋《观万寿寺钟》"轰日中天起，惊山应律回"㉝……在万寿寺华丽的殿堂与园林间，钟声和"声如海潮音"的梵呗之声交错，该是怎样一种热闹情境。身处其间者，耳目都能得到感官刺激。在汉经厂时没有得到充分关注的大钟，进入万寿寺空间后被众人看见、听见了。明代北京寺院众多，若遇重大节日时，各寺梵钟一同敲响，其声混杂，生活在城中的人不一定能准确分辨出钟声的来源。但没有一口钟像永乐大钟这样，被众多文献记载下来，成为京城知名景观的一部分。永乐大钟作为一口响钟被真正听见，进入诗文、进入京城人的认知中，始于这一次迁移。《长安客话》写大钟的样貌与声音，字里行间流露出喜爱和对它独特性的认可：

数百年朱翠斑隐隐欲起，即置商周

鼎彝间，未多让也。近年自宫中移此，昼夜撞击，声闻数十里。其声竑竑，时远时近，有异他钟。㉞

在作者蒋一葵看来，永乐大钟不但"声闻数十里"，而且"有异他钟"，被从众多钟声中识别出来。《酌中志》亦云："是时雨旸时若，香火丰足，此钟日夜撞不绝声，云十万八千杵。"㉟无论在白天还是夜晚，大钟都持续发出声音，远播的钟声在北京城西回荡着，使人时时想起万寿寺奇观般的繁盛景象。

三、觉生寺：政治空间与物证

晚明天启年间，万寿寺永乐大钟因一个讹言而被弃置于地㊱。不过，正是这一次沉睡，使大钟有了被重新发现、重新使用的可能。清代统治者则利用了大钟，将其转换为政治话语构成的一部分。

觉生寺位于京城西北方向德胜门外七里，在清代的主要功能是作为皇家祈雨的场所，《大钟寺》一书中就摘录有众多清代于觉生寺祈雨的档案㊲。清雍正十一年（1733）正月，觉生寺正式动工㊳。同年四月，内务府上奏言移钟事宜，并表示若皇上同意，会"将阁后悬钟一层另绘图呈见"㊴。雍正同意了这个提议，但直到乾隆八年（1743），大钟才终于从万寿寺移到觉生寺的大钟殿中㊵。

从整个寺院空间来看，大钟殿位于寺院最后方，是全寺最高的建筑，人们须依次经过寺院山门、天王殿、钟鼓楼、大雄宝殿、后殿、藏经阁，才能见到它。《燕京岁时记》这样描述这座建筑："高五丈，下方上圆，四面皆窗，后有旋梯，左升右降。"㊶它的上层设计成圆形，与天坛祈年殿顶层相似，符合觉生寺为皇家祈雨场所的性质（图六）。大钟殿的位置和样式，决定了它是整个觉生寺最重要的建筑，也是觉生寺区别于其他寺院的标志。在颐和园藏清代《京郊西山名胜图》等舆图中，也可看到觉生寺后部绘有一类

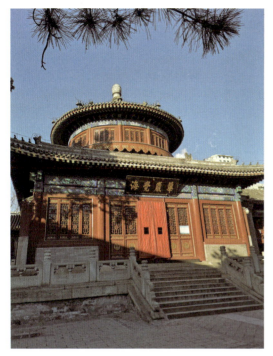

图六 觉生寺大钟殿外观（笔者摄）

似亭子的建筑，十分特别，上书"华严觉海"，此即大钟殿。根据现存的大钟殿建筑及殿与钟的关系可推知，当时应是先在木架上安置好大钟，再围着木架建起大钟殿的。在殿内，大钟占据了绝大部分空间，给入内参观者留下的空余地方并不太多，需要仰视才能观其全貌。空间的相对狭小和仰视的观看方式强调了钟的巨大体量，可让观者产生更为强烈的心理感受。

大钟殿内的空间并不算得上宽敞，却除了大钟以外，还立有一块石碑，上书乾隆皇帝的《觉生寺大钟歌》，是用沈德潜《觉生寺大钟歌》韵而作。与《帝京景物略》中那些在赞叹大钟之宏伟的同时颂扬明成祖功业的诗歌不同，这首诗一开头就写道[42]：

> 晁谋弗善野战龙，金川门开烈焰红。
> 都城百尺燕飞入，齐黄群榜为奸凶。
> 成王安在乃定案，夹辅公旦焉可同？
> 瓜蔓连抄何惨毒，龙江左右京观封。
> 谨严难逃南史笔，忏悔讵赖佛氏钟。
> 道衍俨被荣将命，犍椎冶尽丹阳铜。
> 穹窿重过万石簴，印泥精镂禅机锋。

夏屋十寻虞不举，鲸鱼盈丈方堪舂。
山灵水族无不具，魑魅魍魉怪哉虫。
欲藉撞杵散愤气，安知天道怜孤忠。
榆木川边想遗恨，兔氏徒添公案重。
……

诗句毫不掩饰对靖难之役的激烈批判，认为明成祖铸造如此巨大的佛钟是为了忏悔自身的罪过。实际上，进入清代以后，就开始有诗歌明言大钟与永乐靖难之役的联系，如张湄《万寿寺大钟歌》，在大钟移到觉生寺前就已写下"幽燕老蛟头角狞，驱走龙孙落烟渚"[43]，以及沈德潜《觉生寺大钟歌》[44]，乾隆的诗便是用其韵。对永乐大钟的"靖难"解读，以乾隆"大钟歌"为其顶峰。前文的分析提到，大钟铭文只是佛经，几乎没有任何有关铸造者个人的痕迹，因此赋予了观者一定程度上的解读自由。对于乾隆皇帝来说，钟上的佛经除了表明它是一口奇特的梵钟以外，没有太大的意义，真正重要的是钟月牌位中的永乐年号。通过《觉生寺大钟歌》，他将"永乐"二字与靖难之役的历史事件勾连在一起。已有研究者指出，乾隆写大钟歌是"借永乐皇帝发挥，其真正的目的是为了加强自己的皇权统治，告诫本朝官员臣下，要'忠君'不可'叛逆'"[45]。

大钟与石碑的空间关系，使得这个目的更为明显。矗立在大钟殿内的诗碑，位于大钟正东方向，其碑侧正对着钟裙上的"大明永乐年月吉日制"牌位（图七）。如此，前来参观大钟的人必然也会看到当朝皇帝的御制诗碑。当他们认真读完碑上的诗文，扭头就能看到钟裙上的"永乐"字样。诗歌中写到的前朝旧物就在眼前，物证的存在增强了诗中描写的历史事件的现场感，使文人墨客们循着皇帝的指引去追想这个悲惨的事件、缅怀牺牲的忠臣们。此时，大钟上的铭文究竟为何部经文已经完全不重要了，重要的是这口钟来自那个曾发生过靖难之役的永乐年间。而大钟被从荒草丛中拯救出来、又得以在这样

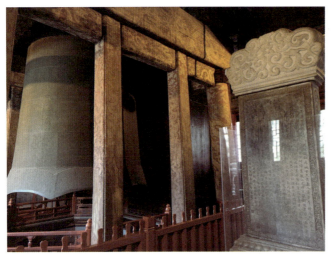

图七 永乐大钟与乾隆《觉生寺大钟歌》碑的位置关系（笔者摄）

独特的建筑中重新鸣响，无疑象征着圣朝的开明。

乾隆朝及以后的各种"大钟歌"，大多拥有与乾隆"大钟歌"相似的叙事模式，如周长发《恭和御制觉生寺大钟歌用沈德潜元韵》[46]、秦瀛《觉生寺大钟歌同潘兰公温筼坡两舍人赋》[47]、沈廷芳《觉生寺大钟歌》[48]、朱筠《觉生寺大钟歌恭和御制用沈德潜元韵》[49]等，都有写及靖难之惨毒、当朝之圣明。这些诗的作者都曾在朝中任官，因而对乾隆诗碑表现出极为一致的认同。可以想象，他们进入觉生寺后，经过数座普通建筑，一步步走向寺院深处的感受。官员们见到宏伟的大钟殿时，心中或已生起敬意；随后他们迈入殿中，先拜了乾隆朝所立石碑，再转身观看大钟，牌位上的永乐纪年倏然入目。朱筠诗近结尾处言"今皇作诗刻石上，抠衣再拜心肃雍"，表明了自己对皇上观点的忠心追随，也复现出了臣子们进入大钟殿后的行为。觉生寺大钟殿成为了具有政治宣传性质的空间，为同类型大钟歌的生产提供了场景。在这个空间中，永乐年间铸造的大钟被清代君臣重新赋予了一种政治合法性，并造就了一种"永乐—靖难"的论述模式。

政治空间的形成，使得这个本属于佛寺的地方增添了儒家的价值观。一方面，

从乾隆大钟歌及各种与大钟有关的诗作中可以看出，引导出对忠君行为的褒扬之词是永乐大钟这一物证存在的重要作用。另一方面，大钟本身也被重新审视。作为一件带铭文的青铜器，它被文官们用描述青铜礼器的语句来描写，如沈德潜《觉生寺大钟歌》云："牙角矫矫蟠老龙，色相古黝兼青红""庙社既建鼎吕定，次及梵宇成华钟"。如此一来，大钟不仅是靖难中烈士忠臣的骨血，还是前朝遗弃、本朝珍视的神物。和古代宗庙祭祀中的礼器一样，它可以证实朝代的正统性。巫鸿认为，在中国古代的九鼎传说中，九鼎被看作是"有生命"的，会自愿迁移到具有统治合法性的王朝[50]。或许在熟知儒家典故的朝臣眼中，大钟的迁移与上古神物的移动具有同样的性质。秦瀛《觉生寺大钟歌》感叹大钟曾"历劫"，并对"我朝畀此宝勿失，高悬绀宇法界严"感到骄傲。沈廷芳诗亦提及大钟"时来得鸣国家盛"——这里化用了韩愈《送孟东野序》中的"抑不知天将和其声而使鸣国家之盛邪"一句[51]。在乾隆诗碑的陪伴和众多诗文的解释下，钟声被视为颂唱盛世太平之声。这时，诗作者们对钟上佛经之具体内容的忽视更为明显了，甚至直言"镌题可辨大小沈，梵呗谁记南北宗"[52]。

四、余论

永乐大钟在历史上经三次迁移，使人不得不感叹这口仍能发出巨响的庞大铜钟竟有如此曲折的经历，甚至对它的完好无缺感到一丝疑惑——历史上的铜钟，在某些时期会被当作一种金属资源，常常要面临被熔铸的危险，如唐代就有"寺观钟及铜象，多坏为钱"，以及"以佛寺铜钟铸弩牙兵器"的事件发生[53]。若侥幸逃脱熔炉，也会遭遇其他不幸：大钟寺古钟博

物馆的陈列中，有的钟上捐资者名字曾被抹去，还有的钟被涂上红漆，用作"警钟"……而一个可以更为明显观察到的现象是，除了永乐大钟，古钟博物馆所有的钟都只是处于陈列中的文物，从器物的角度来说，它们不再具有发声的价值和必要性了。而永乐大钟仍悬于为它而造的大钟殿中，配有新的木杵，几乎每逢新年都会被击响，以钟声宣告过去的结束与新一年的开始。

何物恒久远？郑岩曾以"破碎与聚合"为题，对青州龙兴寺造像的残破现象进行讨论，思考物的破碎、残缺在美术史中的意义[34]。受此启发，笔者认为"破碎"的另一个对立面"完整"也可以作为考察某些器物的角度，但这并不意味着采取概念先行的办法。有关永乐大钟之完整性的思考，是建立在对它的本体形式及所处空间、相关历史事件进行考察的基础上。经过研究，可以发现大钟本身的视觉特点决定了它具有构成空间、并在空间中对观者产生作用的潜力，而在进入性质不同的空间后，它便在世人眼中呈现出不同的意义。大钟从汉经厂移往万寿寺的壮观景象，在京城中留下了一段传奇；移置万寿寺期间，永乐大钟处在一个奇观空间中，加上晚明时期人们对"物"的敏感，此时的大钟被当作一个奇物看待；明清易代后，永乐大钟迁至觉生寺，大钟殿建筑和乾隆诗碑营造了一个政治空间，大钟又成为了一件靖难之役的物证，由此产生了众多叙述内容相似的"大钟歌"。在这个过程中，改变的是大钟所处的历史空间和人们对大钟的理解，大钟本身却以完整的姿态留存下来，钟上佛经文字也未经改易。这是大钟与空间、时代及人们的解释话语微妙互动的结果。

①数据参考《解读永乐大钟》，载大钟寺古钟博物馆：《永乐大钟铭文真迹》，北京燕山出版社，2001年，第1页。

②北京大钟寺古钟博物馆研究人员著有众多普及性读物，如高凯军、夏明明《发现永乐大钟》，于㸌《大钟寺》等；关于大钟铸造目的的讨论分歧较大，可参考《大钟寺古钟博物馆建馆二十周年纪念文集》一书所载论文。张保胜的《永乐大钟梵字铭文考》详细地考证了大钟梵文铭文的内容。铸造工艺、声学、力学方面的相关研究有：韩战明《永乐大钟铸造工艺探索》；陈通、郑大瑞《永乐大钟的声学特性》；夏明明、冯长根等《永乐大钟悬挂结构力学问题初探》等。

③高凯军、夏明明：《发现永乐大钟》，中华书局，2006年，第13—15页。

④㉓㉘[明]刘侗、于奕正：《帝京景物略》，北京出版社，2018年，第203页。

⑤[明]宋濂：《宋濂全集》（新编本）第4册，浙江古籍出版社，2014年，第1393页。

⑥北京钟楼永乐铜钟体高5.55m，纽高1.47m，口径3.4m。数据参考自《北京文物精粹大系》编委会、北京市文物事业管理局：《北京文物精粹大系·古钟卷》，北京出版社，2000年，图版说明第2页。

⑦陈薇、孙晓倩：《南京阳山碑材巨型尺度的历史研究》，《时代建筑》2015年第6期。

⑧Alfred Gell, *Art and Agency*, Oxford University Press, 1998, PP.17-19.

⑨高凯军、夏明明：《发现永乐大钟》，中华书局，2006年，第45—46页。

⑩张保胜：《永乐大钟梵字铭文考》，北京大学出版社，2006年，第3—187页。

⑪此处"帝力"一词借自明人林尧俞《万寿寺》诗"寺成全帝力，民共拜烟霞"一句。见[明]刘侗、于奕正：《帝京景物略》，北京出版社，2018年，第205页。

⑫李富华、何梅：《汉文佛教大藏经研究》，宗教文化出版社，2003年，第435—438页。

⑬对于佛教与数学的关系，可参阅周瀚光主编：《中国佛教与古代科技的发展》，华东师范大学出版社，2014年，第102—135页。

⑭㉖㉞[明]蒋一葵：《长安客话》卷三，北京古籍出版社，1982年，第47页。

⑮据孙承泽《春明梦余录》以及清乾隆时所编《日下旧闻考》可知，德胜门东的铸钟厂内曾有多件大钟，"旧铸高二丈余、阔一丈余者，尚有十数仆

地上，皆楷书佛经"。按：二丈余即超过6米，孙承泽所记录的大钟与永乐大钟相似，故可推知永乐大钟亦铸造于铸钟厂。见[清]孙承泽：《春明梦余录》卷六十六，清文渊阁四库全书本，叶15b—叶16a；[清]于敏中等：《钦定日下旧闻考》卷五十四，北京古籍出版社，1981年，第883—884页。铸钟厂原址在北京钟楼附近，其地理位置据侯仁之主编：《北京历史地图集·政区城市卷》，文津出版社，2013年，第58页。《帝京景物略》记载，大钟"向藏汉经厂"，所以它在铸成之后的第一次迁移应是从铸钟厂移至汉经厂。见[明]刘侗、于奕正：《帝京景物略》，北京出版社，2018年，第203页。

⑯《酌中志》的"汉经厂"一节中，没有在有关佛事活动的段落中写及大钟，却记载了万寿寺悬大钟一事，仿佛大钟是伴随着万寿寺的建立才出现在世人眼前的。见[明]刘若愚：《酌中志》，北京出版社，2018年，第116—117页。万历年间袁宏道《万寿寺观文皇旧钟》诗说大钟"蒸云炙日卧九朝，监寺优官谁敢触""大材无用且沉声"，沈孟《万寿寺文皇御钟》也提到"斋心一默三百年"。见[明]刘侗、于奕正：《帝京景物略》，北京出版社，2018年，第204页。此外，《帝京景物略》记载大钟"向藏汉经厂"，接着又说"于是敕悬（万寿）寺"，用的词一个是"藏"，一个是"悬"，可见其差别。

⑰[明]刘侗、于奕正：《帝京景物略》，北京出版社，2018年，第202页。《张居正敕建万寿寺碑文》记载："今上践祚之五年，圣母慈圣宣文皇太后谕上若曰：'朕一寺以藏经焚修，成先帝遗意。'"见[明]张居正：《张太岳先生文集》卷十一，明万历四十年（1612）唐国达刻本，叶11a。

⑱⑲[明]沈德符：《万历野获编》卷二十七，中华书局，2012年，第687页。

⑳[明]沈榜：《宛署杂记》卷五，北京古籍出版社，1982年，第39页。

㉑[明]刘侗、于奕正：《帝京景物略》，北京出版社，2018年，第203—205页。

㉒关于移钟的年份，《日下旧闻考》载《燕邸纪闻》云："今徙置之日为六月十六日，亦四丁未相符，事亦奇矣。"按万历时丁未年为三十五年（1607）。见[清]于敏中等：《钦定日下旧闻考》卷七十七，北京古籍出版社，1981年，第1296页。《酌中志》云："……此万历初年事也。至于三十年后，

于西直门外万寿寺中建大钟楼，悬大钟一口……"亦可作为旁证。见[明]刘若愚：《酌中志》，北京出版社，2018年，第117页。

㉔全锦云、于玨主编，大钟寺古钟博物馆编：《中国古钟传说故事》，文津出版社，2003年，第1—3页。这个故事讲的是清乾隆时永乐大钟从万寿寺移到觉生寺的过程，或可作为其他移钟故事的一个参考。

㉕[明]贺仲轼：《两宫鼎建记》，中华书局，1985年，卷上第2页，卷中第12页。

㉗[清]吴长元：《宸垣识略》卷十四，北京古籍出版社，1982年，第282页。

㉙沈廷芳：《觉生寺大钟歌》，见[清]阮元辑：《两浙輶轩录》卷二十一，清嘉庆仁和朱氏碧溪草堂钱塘陈氏种榆仙馆刻本，叶31a。

㉚㉝[明]刘侗、于奕正：《帝京景物略》，北京出版社，2018年，第204页。

㉛[英]柯律格著，高昕丹、陈恒译：《长物》，生活·读书·新知三联书店，2015年，第52—70页。

㉜《长安客话》对钟上铭文内容的描述基本正确，而《万历野获编》《帝京景物略》《春明梦余录》等皆言钟上铭文为《华严经》，且这一名称在后来的诗文中也十分常见。甚至在大钟寺古钟博物馆研究人员收集到的一则民间故事中，铸钟匠的名字为"华严"，见全锦华：《东亚梵钟文化研究》，文物出版社，2018年，第61—62页。对于"华严钟"之讹，有研究者认为是因为沈度曾写过《华严经》，后来的人们将不同事件混淆的结果，见冬利、庚华：《明朝宫廷书法家沈度与永乐大佛钟》，《中央民族大学学报（哲学社会科学版）》2009年第6期。于玨则认为"华严钟"才是此钟的真正名称，理由是钟上经文可以反映出华严宗的思想。见于玨：《"华严钟"与华严宗——"华严钟"被后世称为"永乐大钟"的辨误》，载大钟寺古钟博物馆：《大钟寺古钟博物馆建馆二十周年纪念文集》，北京出版社、文津出版社，2001年，第197—207页。

㉟[明]刘若愚：《酌中志》，北京出版社，2018年，第117页。

㊱《日下旧闻考》引晚明孙国敉《燕都游览志》云："迩年有讹言帝里白虎分不宜鸣钟者，遂卧钟于地。"见[清]于敏中等：《钦定日下旧闻考》卷七十七，北京古籍出版社，1981年，第1296页。晚明

天启朝社会混乱，讹言很可能是缺乏安全感的民众为当下现状寻找原因的结果。

㊲于弢：《大钟寺》，北京燕山出版社，2006年，第9—13页。

㊳见《觉生寺碑》碑文，“经始于雍正十一年正月，告成于十二年冬。”载北京图书馆金石组：《北京图书馆藏中国历代石刻拓本汇编》第68册，中州古籍出版社，1989年，第157页。

㊴中国第一历史档案馆藏奏销档，转引自于弢：《大钟寺》，北京燕山出版社，2006年，第4页。

㊵[清]于敏中等：《钦定日下旧闻考》，北京古籍出版社，1981年，第1646页。

㊶[清]富察敦崇：《燕京岁时记》，北京古籍出版社，1981年，第51页。

㊷[清]于敏中等：《钦定日下旧闻考》，北京古籍出版社，1981年，第1648页。

㊸[清]阮元辑：《两浙輶轩录》卷二十，清嘉庆仁和朱氏碧溪草堂钱塘陈氏种榆仙馆刻本，叶22a。

㊹[清]吴长元：《宸垣识略》，北京古籍出版社，1982年，第287页。

㊺赵润华：《读觉生寺〈大钟歌〉质疑——浅析明“永乐大钟”成因》，载大钟寺古钟博物馆：《大钟寺古钟博物馆建馆二十周年纪念文集》，北京出版社、文津出版社，2001年，第136页。

㊻[清]周长发：《赐书堂诗钞》卷四，清乾隆刻本，叶17b—叶18a。

㊼[清]秦瀛：《小岘山人集》卷五，清嘉庆刻增修本，叶1b。

㊽[清]阮元辑：《两浙輶轩录》卷二十一，清嘉庆仁和朱氏碧溪草堂钱塘陈氏种榆仙馆刻本，叶31a。

㊾[清]朱筠：《笥河诗集》卷三，清嘉庆九年（1804）朱珪椒华吟舫刻本，叶28b—叶29a。

㊿[美]巫鸿著，李清泉、郑岩等译：《中国古代艺术与建筑中的“纪念碑性”》，上海人民出版社，2009年，第1—17页。

(51)[唐]韩愈：《昌黎先生文集》，《宋蜀刻本唐人集丛刊》，上海古籍出版社，1994年，第486页。

(52)[清]刘墉：《刘文清公遗集》卷四，清道光六年（1826）刘氏味经书屋刻本，叶9a。

(53)《旧唐书》卷四十八，中华书局，1975年，第2100页；同书卷一百二十九，第3601页。

(54)郑岩：《破碎与聚合：青州龙兴寺佛教造像的新观察》，载范迪安主编：《破碎与聚合：青州龙兴寺佛教造像》，河北美术出版社，2016年，第1—9页。

（作者单位：中央美术学院）

石景山新现"工部为比例乞恩赐给祠额祭葬事"碑初探

史迪威

2016年12月20日，北京市石景山区文化委员会接收了一方石碑，该石碑出土地点为石景山区隆恩寺附近[①]。现存于石景山区田义墓。

石碑残长177.5厘米，厚30厘米，整体宽98.5厘米，青石材质，仅存碑身部分。石碑形状奇特，有非常严重的人工加工痕迹：上部缺失，切口整齐，断口处无榫卯结构，应为一体碑，碑首被截断，据文字的提格镌刻和文意推断，上部文字较为完整。碑身下部无倒榫，切口整齐，被人为截断。碑左侧人工开凿形成凹凸有致的形状，宽度为38.5厘米，其余60厘米仍保持石碑形态。碑阴无字，碑阳楷书阴刻碑文题目及正文，部分文字漫漶不清，部分碑文因被截断而语义无法连贯。现全文共残存文字563字，其中9字依稀可辨。值得注意的是，文中两处人名漫漶不清，周围文字十分清晰，磨损仅局限于人名处，呈明显的方形，人为痕迹明显（图一）。

碑阳右上角有一墨书图案，在碑右侧，有墨书"□尺八寸"字样。碑身左侧，凹凸错落，共分为两层，凸出部分，靠近碑阳一层为下方上圆形，最宽处约为7.5厘米，凹陷处为长方形凹槽，宽6厘米，长14厘米，深3.5厘米，第二层尺寸与第一层相近，但凸出部分也为长方形。碑的左侧下缘，被打磨成圆角（图二）。

现存碑文共18行（含题目和落款日期），由于下部截断，无法确定满行字数。其中第2、4、6、11、12行，将"恩

图一

赐""圣恩""圣旨""钦派"提高两格镌刻。第5、10行中"奉""赐"二字提高一格镌刻。第17行，第一字"奉"上面

图二

漫漶不清，无法确定其上是否还有字，也为提格镌刻。通过这种手法，凸出对皇权和皇帝的尊重。碑阳首题"工部为比例乞"，末款"弘治十六年六月初九日，对同都吏陈舜威比例乞恩赐给祠额祭葬事。剳付，押押押"。

一、碑文分析

录文：

工部為比例乞┛恩賜給祠額祭葬事┛

該本部題，屯田清吏司案呈，奉本部送，據營繕所申，準委官所正沈愚，帶領匠作劉茂等，前去已故太監劉□造□□□相□鑄造□，并搭蓋廠房（下缺）……┛用，物料備開，會有會無，數日結申送司案。照近，該禮部咨，該御馬監外馬房奉御張鼎等題，稱御馬監太監劉□，弘治十五年七月二十七日在鎮病故。荷蒙┛聖恩憐憫，應付船隻裝送回京，乞照鎮守浙江已故太監張慶事例，┛賜給祠堂名額諭

祭造墳安葬，齊糧、麻、布等項，用旌有功。等因題奉┛聖旨："賞新鈔一萬貫，祭二壇，造墳安葬，其餘罷。該衙門知道，欽此。"欽遵將造墳安葬，移咨前來，已行查會。去后，令該前因案呈到部，欲將會有□□□□丁字庫，先關後（下缺）……┛，勘合備照。石灰等料，行本部委官主事鄭良佐於馬鞍山等廠；沙板甎，行通積等抽分竹木局；會無鬆木長柴、把柴，行盧溝橋抽分竹木局；糯米□□部定倉，各抽（下缺）……┛放支做工運料，軍餘夫匠行後軍都督府，轉行各府及順天府照例起撥各委官貟領前去造墳慶。兩相無用，工部仍差官一貟，通行提督造葬。其搭蓋廠房（下缺）……┛料，候造葬完日，仍着做工人役運囬本部，以備別用。緣係動支官物，起撥軍餘夫匠，造墳安葬事理，未敢擅便開坐。弘治十六年五月二十六日，本部尚書曾□等（下缺）……┛奉天門具題。次日，奉聖旨"是，欽此"，欽遵擬合通行，劄仰本官，照依本部奏奉┛，欽依內事理，欽遵前去造墳慶所，提督各該委官管領、軍餘、夫匠，相無用工。畢日，將用過軍□匠料數目明白，呈報施行。毋得因而在外□□及生事擾人。須至劄付者（下缺）……┛一差辦事吏庚德賞捧奉。┛右劄付本部委官百戶李銘準此。┛弘治十六年六月初九日，對同都吏陳舜威┛比例乞┛恩賜給祠額祭葬事┛。劄付，押押押。……

通过残存碑文可以看出，该碑记述的是一位镇守太监客死他乡，用船通过水路将遗体运回北京，并为其造坟安葬的事宜，是恤典制度的体现。"在镇"指的是在镇守之地。这里涉及到明朝的镇守太监制度。在明朝以前，外派的内官更多的是担任一些临时性、任务性的工作。明朝时，则是让他们固定驻扎各地，这使得镇守太监可以频繁地参与到地方事务的管理中[②]。

因此碑记载的工部造坟安葬事宜，

我们可以从中得知一些明代工部的机构设置。"屯田清吏司"为工部内设机构，设置郎中一人、员外郎一人、主事三人，分掌屯种、坟茔、抽分柴炭之事③。"营缮所"为工部下设机构，于洪武二十五年（1392）设置，由原来的匠作司演变而来，官员多由技艺精湛的工匠担任。内设所正一人，正七品；所副二人，正八品；所丞二人，正九品④。"抽分竹木局"由工部设置，是从各地贩卖特定物品的客商手中按比例抽取相关的物资，以备国家使用的一种机构。在抽分局下，还有抽分厂，马鞍山就是抽分厂之一⑤，前文中的郑良佐，应为时任抽分竹木局的主事。

"本部尚书曾□"，结合史料分析，为时任工部尚书曾鉴。《明实录》载："弘治十三年六月己丑，命兵部尚书马文升、工部尚书曾鉴阅九门守城器具。"《明史》中也有其记载，在任期间颇有建树，死后追认太子太保⑥。

碑文文体为"题本"，将整个过程进行总结，上书皇帝汇报整件事情的始末，并告知事情已经办妥。另一方面，镌刻于石碑之上，向来此瞻仰的人告知修建的过程。由于记录完全，有些地方还抄录了当时修建坟茔时候的公文，为我们研究明朝的丧葬恤典制度、公文制度提供了史料。

二、文脉梳理

当时的公文写作普遍采用的是"装叙法"，也就是一个衙门在题写公文的时候，会通过嵌套引用其他公文或者之前所写的公文来说明事情的来龙去脉及处理意见⑦。由于造坟工程牵扯部门很多，加之来回公文流转十分复杂。使得该文中各式公文层层嵌套。也正因如此，为我们提供了一个从宏观上观察明朝政府行政流程的机会。通过梳理文脉，抽丝剥茧，整个文章脉络可以分为三层：

第一层：文章主体，通过标题、文体及第一句提到的"该本部题"可以看出整体碑文是一个上书皇帝的题本。题本中总结了整个造坟过程的来龙去脉，用来向皇帝进行汇报。

第二层：该碑文可以大致分为三个部分：题覆疏、丧葬勘合及丧葬劄付。这三个部分属于恤典的三个必要流程，涉及整个祭葬事的核心，因此这三者构成了碑文的主要内容。在其中还穿插有少量圣旨及其他内容。

第三层：这一层的内容大多数属于第二层中，是形成第二层内容的基础。这一层的内容，在文中引用的部分并不多，更多的只是一笔带过，留下了公文文种的名称及大致的内容，例如："题""申""咨"等。

通过对文脉的梳理，整个碑文的内容变得清晰，下面笔者将在此基础上对碑文中所涉及的恤典制度、文书制度和监督制度进行分析。

三、从碑文看明朝的恤典制度

恤典是中国古代国家对已故官员及其家属的褒奖制度，包括赐祭葬、赐额等，通过这种形式来对官员的一生进行肯定，激励后世官员以此为榜样⑧。在一次恤典中，丧葬文书按照不同用处，可分为请祭葬疏、题覆疏、祭葬劄付、祭葬勘合、谢恩疏⑨，包括了从上书请求到建造坟茔祭葬再到最后谢恩。

"题覆疏"，主要包括赐祭和赐葬两部分，赐祭由礼部、赐葬由工部上书皇帝。在该碑文中，礼部按照礼法拟定祭葬级别之后呈报皇帝。该部分占据了碑文的前三分之一，从开头一直到"用旌有功"属于题覆疏。在上书皇帝之后，皇帝下圣旨，回复了题覆疏的内容并且提出"赏新钞一万贯，祭二坛……其余罢"，然后礼部将皇帝的回复提交给工部，工部依照指示准备了人员物料，再次奏请皇帝批准造坟安葬事宜。

"请祭葬疏"，官员过世之后，需

要由官员的亲属或者同僚上书礼部,陈述该官员的生平功绩,并提请造坟安葬。这种文书便是"请祭葬疏"。在碑文中,提到御马监太监张鼎等向礼部提出刘姓太监"在镇病故",这一部分一直到"用旌有功"都属于"请祭葬疏"的部分。

按照事理逻辑,官员过世之后,第一部分应该是"请祭葬疏",之后才是"题覆疏"。在这里的"请祭葬疏"是作为碑文第一部分"题覆疏"的内容之一,用来向皇帝说明"题覆"的原因,属于"题覆疏"内部的引用部分。因此,"请祭葬疏"出现在了"题覆疏"的后面。

"祭葬勘合",勘合制度是明朝重要且使用广泛的一种核验制度。其核心是,以通过半印核对来确定公文真伪,或者作为发放物料、文牒、通关凭证的验真。勘合制度广泛应用于明朝各个官府之间,同时在律法中也有严格的规定。除了在公文行移过程中的行移勘合之外,六部、五府及其他一些机关也都有自己所使用的勘合制度。全文共出现三种勘合:

一是户部的领物勘合,"欲将会有□□□□丁字库,先关后(下缺)……,勘合备照。"句中"勘合备照"中的"勘合"便是此意⑩。丁字库是户部的府库,负责收储"铜、铁、生漆、桐油、皮张、水牛角、黄蜡、黄白麻、翎毛、鱼线胶等料及工部召买苏木"。由于修建坟茔需要支出这些物资,为了防止有人利用空印或者通过篡改公文欲行不轨,《大明会典》载:"洪武四年,令内外仓库放支钱粮,内则中书、外则行省,第其字号为符券,然后放出。十四年,令置半印勘合,下诸司收掌。六部、都察院、应有行移,即便比对勘合朱墨相同,火速奉行。"需要通过比对勘合,验证公文真伪之后发放物资⑪。

二是工部的造坟勘合:"石灰等料,行本部委官主事郑良佐于马鞍山等厂;沙板砖,行通积等抽分竹木局;会无松木,长柴、把柴,行卢沟桥抽分竹木局;……

本部尚书曾□等(下缺)……奉天门具题。"将所利用的物资、夫匠的来源都题写得清清楚楚。方便办事人员以此为据调拨物资,进行建造,同时也方便日后监督的官员进行监督与考核。

三是行移勘合,用在公文流转之时,这部分内容会在后文进行详细的探讨。

虽然提到了各种调拨物料,但此时并不是真的调拨。结合"未敢擅便开坐。弘治十六年五月二十六日,本部尚书曾□等(下缺)……奉天门具题"可以看出,前面所写仅仅是工部的计划,并未真正实施,而是需要汇总之后上报皇帝。工部尚书曾鉴于弘治十六年五月二十六日将其以"题本"上奏皇帝。第二天,皇帝便批准了计划。为何在进行了祭葬勘合之后还要等待皇帝批准?这涉及了明朝另一项制度——"復奏",这一制度会在本文下面的内容进行分析。

"祭葬劄付",是劄付的一种,也称札付或者劄付,下行公文,广泛引用于上级官府(吏)向下级官府(吏)指派或者交代任务。碑文中"劄仰本官,照依本部奏奉,钦依内事理,钦遵前去造坟处所,……劄付,押押押"便是祭葬劄付的记录。工部尚书向皇帝提出的奏奉,皇帝下达圣旨说"是",表示同意了上文祭葬勘合的内容,便开始正式启动造坟安葬的事宜。随后工部使用祭葬劄付,要求下属实施的官员严格按照劄付的内容进行施工,并且特意叮嘱在完工之时要将剩余物料点算明白。

四、从碑文看明朝公文制度

除了恤典以外,碑文中涉及大量公文文体的名词和相关流转的信息。明朝是我国文官制度成熟的时期,明朝人认为:"在官言官,在朝言朝,必假文移而悉达。"由此可见,当时的人们便已经认识到公文是在朝野传递信息和保证政令畅通的重要工具,十分注重公文制度的建设,而这套制度对于后世乃至现在的公文制度都有所影响⑫。

中国古代公文大致可以分为三类：上行文、下行文和平行文，顾名思义，上行文是下级机构或官员向上级或者皇帝传递的公文，下行文则是皇帝或者上级机关向下级机关传递的公文，平行文则是平级机构之间传递的公文。在每一类下面，根据公文的作用和收发文件的官府（吏）不同，又可以分为很多文种。有关公文分类和文体的研究，前人已经做了很多，笔者在此仅就碑文中所出现的文体进行探讨。

"该本部题"，这里面的"题"向我们揭示了整篇碑文的文体：此处的"题"指的是"题本"。题本是官府（吏）给皇帝的上行文，创始于明代，是明代最为重要的公文体例。其广泛应用于官员任免、钱粮征收、重要政务等多种情况。相较于奏本，题本上报流程较多，经历的部门也多，因此多上报一些例行公事的事情⑬。工部为了已故太监向皇帝乞求赐额等事项，属于例行公事，故使用题本。同理，后文"奉天门具题"中的具题，也指的是题本。

"据营缮所申"，这里的申指的是"申状"，上行文的一种，用来向上级陈述一种事实。此处，指的是工部根据营缮所所上报的情况。

"照近，该礼部咨"，其中的"咨"指的是"平咨"，平行文，用于两个地位相同的官府（吏）之间相互通信。《大明会典》载："礼部执掌，丧葬项内，有咨工部造坟安葬之条。"礼部有职责根据礼法拟定逝者的丧葬级别，而工部则具体负责建造坟茔，因此两个部门之间需要使用"平咨"互通消息。

"移咨……欲将会有□□□□丁字库，先关后（下缺）……"，移，指的是行移，也就是一个部门向另一个部门移送公文的意思。咨，指的是平咨。结合后文，在将公文呈报到"部"之后，"欲将会有□□□□丁字库，先关后（下

缺）……"，丁字库由户部管辖。由此推出，此处的部指的是户部。"移咨"应为工部向户部行移咨文之意。户部与工部同属六部，地位相当，使用平咨。

劄付，该文体以祭葬劄付的形式出现，已经在上文进行了探讨，在此不再赘述。

通过对整篇碑文的文脉梳理、恤典文书的分析及相关公文文中的分析，笔者可以对整个事件的公文流转进行复原：

张鼎等人向礼部提出请祭葬的申请，礼部根据刘姓太监的级别确定谕祭内容，向工部发出咨文。工部根据内部营缮所向屯田清吏司上报，再根据报到工部的造坟的勘查结果确定该刘姓太监的坟地建造事宜。在确定之后，工部将内容汇总上报皇帝，皇帝基本同意，加赠了新钞一万贯、两个祭坛。工部根据皇帝的圣旨，向户部发出咨文，之后两个部门倾力配合，将所需的物资、人员计算清楚，再次向皇帝上报，皇帝准许之后，工部安排下面的官吏带领各路人员前去造坟。

此外，还有一些公文制度，在文中有所体现。

复奏制度，在中国历史上，有"覆奏"与"复奏"两种说法。再后来推行简化字的时候，将"复"和"覆"统一，出现了"复奏"的说法。但是在历史上，"覆奏"和"复奏"是两种截然不同的文书种类。"覆奏"古已有之，并且广泛见于史料，"覆"意为审查考察之意，是为了减轻冤狱、促进司法公正的一项制度，类似于现今的"死刑复核"，萌芽于汉朝，完善于唐朝，在明朝进一步发展，并制定了不遵守"覆奏"制度的追责措施⑭。关于"覆奏"制度的研究有很多，但与此碑无关，在这里不再赘述。

碑文中所体现的是"复奏"，"复"意为"再""又"，指的是对一件事情再次或者反复的上书⑮。我们可以看到，整篇文章中工部一共向皇帝上书三次：第一次是第一部分的题覆疏，第二次是祭葬勘合

部分，在拟定放支做工运料之后向皇帝上报，第三次则是碑文本身。这三次上奏皇帝便是"复奏"制度的体现。一方面是向皇帝实时汇报事情的进度，另一方面，向皇帝汇报拟办事项，可以取得皇帝对下一步工作的意见[16]。通过这样的反复上奏，保证工程符合皇帝的心意，不出纰漏。

行移与勘合制度，行移指的是公文在各个部门中的流转，有明一代对于公文制度十分重视。为此特别颁布律法，规定了公文流转的程序，其中逐级上报、统一收发交换等原则至今仍旧使用。在公文流转过程中，为了防止有人趁机伪造公文，明朝对传统的公文制度进行了革新，设置了行移勘合制度[17]。其原理是在相关部门留有其他部门印章左半侧的存根，行移的公文上面盖有发文机关印章的右半侧，也就是"半印"，到了收文机关，通过查看半印是否能和存根上的半印相互对应，来鉴定公文的真伪。文中"移咨前来，已行查会"指的就是这一过程。

照刷与磨勘制度，是为了保证政府能够相对高效地运行。明朝设立了相关的监督机制"照刷文卷"，通过该机制检查公文制度落实情况，考评官府（吏）工作情况。在明前期这项工作由磨勘司和检察院御史共同进行，二者相互牵制，共同对皇帝负责。而到了洪武二十年（1387），经过了一系列的改革，磨勘司被废，照刷文卷形成制度，由都察院负责进行[18]。其主要内容是通过翻看各地官府的卷宗，根据卷宗上面有无涂改、纰漏，以及查看卷宗上面的事项是否按时按规定办理，来监督百官。根据卷宗的不同情况，照刷官员通过在文卷后面批不同文字，来对官府（吏）进行考核，并适时给予奖励或惩戒。照刷每三个月进行一次，对于出现的错误，要求三个月之内改正。而对于三个月之后的复查，叫做"磨勘文卷"。碑文中的"勘合备照"，其中"备照"便是以备照刷。

五、碑身其他问题的分析与推测

此碑形制较为特殊，碑身侧面为人工开凿形成。开凿的特殊样式引起了笔者的注意：被开凿的部分，下部凸起呈方形，上部凸起呈圆形，这与中国古代房檐出檐的构造十分相似。笔者初步推论，该石碑曾被更改为房檐，结合整个石碑的大小和改造情况分析，该石碑很可能作为墓室之间、石门上方的仿木房檐结构使用。

根据此碑实物进行分析，左上角还保留了"劄付"后的文字（图三），虽然已经不能辨认内容，但通过上下文可以得知应为碑文的下半部分。通过这一细微之处，足可以证明石碑和构件二者的关系。

在碑身侧面还有墨书"口尺八寸"的字样，字所在的侧面，边缘整齐，棱角分明，为石碑加工完工的状态，作为一个已经完成雕刻、打磨光滑的碑侧，不应留下加工标记。笔者推测应为在对该碑进行二次加工的时候所写。同理，石碑右上角的墨书花纹，也应该是加工时留下。

墨书则应该为在制作石构件之时标记尺寸的记号。根据碑文被毁坏的人名和改制情况推测，可能为后朝将前朝的石碑改

图三

作他用。结合石碑出土地点，周围均为清朝亲王、郡王等皇亲国戚的园寝。所以此碑有可能被清朝某贵族为自家坟茔所改。

后朝将前朝石刻改作他用，这一现象并不罕见。例如，1985年在丰台区六必居酱园改建工程中出土的"王时邕墓志盖"，盖篆"王公墓志"，首题"唐故幽州节度押衙银青光禄大夫检校太子宾客兼监察御史太原王公墓志铭并序"，其志盖背面为《释迦牟尼画像并序》残碑；现存于北京西周燕都遗址博物馆的石构件，书"国史总裁 沈一贯"，原为"琉璃河桥碑"，由碑改为了桥的雁翅；清孙思克诰封碑为清康熙四十年（1701）立，清圣祖玄烨御制，后于民国时期被凿去碑首，碑阴被改作东四钟表店门匾，陈宝琛题"兴记"二字于其上。即使到了当代，根据博物馆征集记录的记载[19]，也有很多碑刻石雕被发现于市井之中，虽然没有直接将其凿改他用，但也普遍作为台阶、围挡等建筑材料使用。

笔者认为，后人将前朝石碑作为石材改为其他构件的原因有二：

一是古代生产力水平较低，石料的开采、运输都极为不便。而石碑本身作为大体量且已雕刻成型的石料，已经被运抵交通相对发达的地方。相比于从深山中开采的新石料而言，石碑取用方便、形状规整，节约了雕刻打磨的成本。通过改造石碑获得新的建材，是经济之选。

二是这种对石碑的改造往往还伴随着毁碑的情节。在古代，由于复仇或者是王朝更替之后，除了消灭有生力量之外，往往还伴随着毁碑平墓等行为。通过将反对力量的祖坟、祠堂等进行毁坏，从而在精神上摧毁反对力量，使其失去重新凝聚的根基，而石碑作为这些重要建筑的附属物，往往也不能幸免。对于被毁的石碑，便可进行再次利用。例如上文提到的王公墓志，便是在灭佛运动中，将原来的释迦牟尼画像碑毁掉并重新利用。此碑中所记载的墓主人刘姓太监，仅名字被人为凿去

而其他碑文未受影响，可能也有此原因。

碑阳右侧被改为房檐的部分，本应有字。笔者根据整篇碑文的文意及文体格式推测，此处应该镌刻的是坟茔修建的结果。根据有二：

一是碑文残存的最后部分，通过格式和文意可以看出，这部分是典型的劄付。对于劄付，明朝有着严格的规定，一方面要求下属机构严格按照劄付的内容行事，另一方面还要将最终执行的结果上报。在碑文中缺少了结果部分[20]。

二是该石碑应为坟茔修建完成之后竖立于墓地，以供后人瞻仰。同时根据文意可以看出，工部在修建坟茔之前、筹备物料之时，已经上报过皇帝，这篇文章是造坟结束后的汇总与总结，而此时缺少了最后的结果部分。

综上所述，笔者猜测碑文缺失的部分应该是下属机构对于劄付执行结果的后半部分，同时也是造坟最后的结果。由于这部分碑文已经彻底灭失，笔者在此仅仅根据文意进行推断，以供大家探讨。

六、刘姓太监分析

此碑为记载工部营造刘姓太监之墓所立，墓主人"已故太监刘□"在碑文中出现数次，均被凿去，因此他的真实身份成谜。

据《明代宦官制度研究》中的"明镇守内官年表"[21]得知，弘治年间，镇守地符合碑文中"应付船只装送回京"条件的刘姓太监，仅湖广镇守太监刘雅一人。湖广镇守太监刘雅初见于《明孝宗实录》卷56，为弘治四年（1491）十月。根据碑文"弘治十五年七月二十七日在镇病故"可知刘姓太监病故时间，但刘雅最后一次出现于《明孝宗实录》卷194，记载"录湖广讨平苗贼功官军升一级者二百六十九人，署一级者三百二十二人，余一千六百四十二人给赏有差，赏太监刘雅……"为弘治十五年十二月，但此时刘

姓太监已经去世，此封赏是否另有其人不得而知。弘治年间其他各地镇守太监无论时间还是地理位置均不符合，因此笔者猜测刘姓太监为湖广镇守太监刘雅。

七、总结

此次发现的"工部为比例乞碑"，结合北京石刻艺术博物馆和北京西周燕都遗址博物馆的藏品进行分析，不仅为我们提供了研究明朝公文流转和政府行政程序的第一手资料，同时也为我们研究改碑和石构件的利用情况提供了新的线索。

———————

①由石景山区文物专家门学文老师和石景山区文化委员会文物科和执法队的同志发现，并组织人员将其进行转运和保护。

②李建武：《明代"九边"镇守内官职责分析》，《廊坊师范学院学报（社会科学版）》2015年第5期。

③《续修四库全书》编纂委员会：《续修四库全书·七九二·史部·政书类·大明会典》，上海古籍出版社，2002年，第190页。

④《明史》，中华书局，1974年，第1759页。

⑤《续修四库全书》编纂委员会：《续修四库全书·七九二·史部·政书类·大明会典》，上海古籍出版社，2002年，第430页。

⑥《明史》，中华书局，1974年，第4891页。

⑦申斌：《明代文书结构解读与行政流程复原——以〈山东经会录〉的修撰为例》，《安徽师范大学学报（人文社会科学版）》2016年第6期。

⑧宋继刚、赵克生：《明代文官恤典中的祠祀》，《学术探索》2015年第1期。

⑨宋继刚、赵克生：《明代文官丧葬公文与丧礼制度建设》，《古代文明》2014年第2期。

⑩黄才庚：《明代文书行移勘合制度》，《历史档案》1981年第3期。

⑪胡光明：《明代勘合制推行时间考证》，《商业文化》2009年第10期。

⑫颜广文：《论明代公文运作制度》，《广东社会科学》1994年第2期。

⑬陈龙：《明代公文文体论述》，《兰台世界》2010年第19期。

⑭韩文政、李坤辉：《中国古代死刑覆奏制度略论》，《法制与社会》2012年第16期。

⑮仇加勉、王平原：《"复奏""覆奏"考辨》，《首都师范大学学报（社会科学版）》2007年第4期。

⑯孙书磊：《明代公文制度述略》，《南京工业大学学报（社会科学版）》2005年第2期。

⑰连士玲、李守良：《论明代公文行移制度》，《档案》2007年第4期。

⑱方琢：《洪武时期磨勘司的设与革》，《黑龙江社会科学》2017年第1期。

⑲以上藏品以及征集记录，为北京石刻艺术博物馆藏品、征集记录。

⑳郑小春：《明清官府下行文书述略：以徽州诉讼文书为例》，《巢湖学院学报》2008年第1期。

㉑胡丹：《明代宦官制度研究》"附录三"，浙江大学出版社，2018年。

（作者单位：北京石刻艺术博物馆）

通州新出土清随时道买地券考释

李伟敏

　　2015年，北京市文物研究所在配合通州区杨庄黄瓜园地区一级开发项目0405地块建设的考古发掘中，清理了一座清代三人合葬竖穴土坑墓，该墓南棺、中棺外西侧出土清代买地券一块，方形，青石质，长宽均为36.5厘米，厚6厘米。券文为朱砂楷书，从左向右书写，竖行，共16行，满行24字，全文278字。券尾有朱砂所画符箓一行（图一）。北京地区之前出土的清代买地券数量不多，且大多因保存状况不佳而难以识读，随时道买地券保存状况较好，为研究清代北京地区丧葬习俗提供了宝贵的实物资料，故将券文移录如下（括号中的文字为笔者据买地券惯用格式所补），并不揣浅陋，对券文进行考释，敬祈学人指正。

一、随时道买地券录文

　　维康熙五十一年十月二十七日，立券孝男随龙，因爲故□□讳时道，自從奄逝以来，未卜塋地，凤夜憂思，不遑寝□。今卜此高原，來去潮迎，地占襲吉，地属十里鋪東

南之原，計一畝三分，價銀十兩，地主張姓，宜用酉山卯向，辛酉辛卯分金，堪爲宅兆，永爲阴宅。已偹净钱九萬九千九百九十九貫，于皇天后土位下，買到龍子崗陰地一方，東至青龍，西至白虎，南至朱雀，北至玄武，上指青天，下指黄泉，中穴立祖，昭穆分葬。內方勾陳，分掌四域。坵丞墓伯，封步界畔，道路將軍，齊整阡陌，致使千秋萬（載）永無殃咎。今工匠修塋安厝已後，令葬主裡外存（亡），悉皆安吉。吾奉女青使主

图一　随时道买地券

（者）、五帝律令。券立二本，一本奏上后土地祇，一本给付已故立祖随时道收执，以为永远付身存照，先有居者，永（避）万里，故氣伏屍不得侵争。

須至券文者　謹券

二、买地券功能与性质概述

考古发现证实，作为一种随葬明器，买地券最早产生于汉代，一直沿用至明清时期。买地券原无固定名称，时代不同，名称各异。传世文献中最早记载买地券的可以追溯到北宋时期。北宋陶穀《清异录》载："葬家听术士说，例用朱书铁券，若人家契帖，标四界及主名，意谓亡者居室之执守，不知争地者谁耶？"①买地券之名则初见于宋末元初周密《癸辛杂识·别集》中，其"买地券"一条谓："今人造墓，必用买地券，以梓木为之，朱书云：'用钱九万九千九百九十九文，买到某地若干'云云。此村巫风俗如此，殊为可笑。"②北宋官修堪舆地理书籍《地理新书》中明确记载了买地券在古代丧葬仪式中的作用及其意义，该书卷十四"斩草忌龙虎符入墓年月"记载了丧葬仪式中的"斩草"仪式，其文云：

斩草者，断恶鬼，安亡魂也。《鬼律》云：葬不斩草，买地不立券者，名曰盗葬，大凶。……凡斩草日，不宜与葬月同。凡斩草日，必丹书铁券埋地心……公侯已下皆须铁券二（长阔如祭板，朱书其文，置于黄帝位前。其一埋于明堂位心，其一置穴中枢前埋之）。③

据此可知，"斩草"是丧葬仪式中的重要环节，而斩草时需要使用"铁券"即买地券。买地券共有两件，上书"合同"二字及券文，一件在斩草仪式后埋于墓前明堂位心，另一件埋葬时置于墓室中枢前。由此可知，买地券是古代丧葬活动中斩草破土或埋葬尸骨时所葬明器之一，它通过模拟现实生活中的土地契约文书，让生人或死者同各类神祇进行象征性"交

易"，来表示亡灵领有墓地居所的合法产权，并藉以压胜镇鬼、护卫阴界亡灵。考古发现亦可证明《地理新书》中记载的明堂或墓穴埋券的丧葬习俗的确存在。如2014年海淀区半壁店村西行知实验小学校内发现的明堂内即出土买地券一件，该地券立于明堂北部，正方形，泥质，出土时地券正面残留有朱砂痕迹，但文字大多脱落，无法识读④。而此次发现的随时道买地券则出土于墓穴内。

从目前考古发现情况来看，唐宋以后买地券在民间广为流传。基于买地券在丧葬活动中的特定功能，至宋代买地券文的内容构成要素及行文格式开始具有制式化的特点。北宋的《地理新书》及此后的民间风水典籍《茔原总录》《三元总录》都详细记载了券文内容及行文格式规范。其中《茔原总录》还增加了"券立二本，一本奉付后土，一本乞付墓中，令亡父某人收把，准备付身，永远照用"的内容⑤。此后，随着风水书籍在民间的广泛流行和普遍使用，买地券文的内容和形式保持了高度的稳定。此外，由于买地券的文本是在真实契约基础上的主观想象和观念建构，整体上属于想象的产物，因此券文内容整体上具有虚构性特征。如券文所记墓地价格及范围等多属虚夸，因此清代学者洪亮吉就认为："古人卜葬，必先作买地券，或镌于瓦石，或书作铁券。盖俗例如此。又必高估其值，多至千百万。又必以天地月为证，殊为可笑。"⑥

三、随时道买地券文考释

随时道买地券出土于墓穴中南棺、中棺外西侧，应该是入葬时置于墓中的。地券出土时保存较好，券文也较为清晰。其券文的内容、行文格式与《地理新书》《茔原总录》《三元总录》等记载的"立券文契"大致相同，主要内容包括墓主基本情况、买地区域、买地钱数、地界四至、保人和见证人、律令与祷语等。随时

道买地券文的内容构成要素及行文格式虽然具有制式化的特点，且内容整体上亦具有虚构性，但其中部分内容并非虚拟，如墓主姓名、入葬年月等则为真实情况，具有一定史料价值。

1. 墓主及墓葬年代

由券文可知，该墓墓主名随时道，其子随龙于清康熙五十一年（1712）十月二十七日为其父立券。由此可知，该墓年代为清康熙五十一年。北京地区出土清代墓葬数量众多，但大多墓葬因未能出土较为准确的断代信息而无法判断墓葬年代，只能大体确定为清代，随时道买地券为判断墓葬准确年代提供了依据。

2. 墓地状况

随时道买地券文中关于墓地状况的描述主要套用买地券范文，内容则虚实结合。券文记载随时道墓地位于十里铺东南之原，东至青龙，西至白虎，南至朱雀，北至玄武，上指青天，下指黄泉，共计一亩三分。这里的十里铺是否为真实地名要根据情况来判断。据发掘报告记载，该墓地位于今通州区永顺镇，南邻通朝大街，东邻杨庄路，西邻外环路，墓地东北距通州老城2千米。而据乾隆《通州志》记载："州正西路二十八村庄，其中有村名十里铺，距城十里。"⑦结合文献记载与墓葬发掘情况来看，券文中的十里铺似为清代真实地名。墓地四至是构成买地券的关键要素之一，券文中关于墓地四至的描述显然是采用道教四神青龙、白虎、朱雀、玄武作为边界四至。"此高原来去潮迎，地占袭吉"则强调墓地周围风水好，勘为吉地。墓地面积共计一亩三分，根据墓葬发掘情况分析，该数字并非为墓地实际大小，应为虚拟。值得注意的是，券文中的龙子岗是套用买地券范本，是券文内容逐渐格式化的表达形式，而非真实的墓地状况，但有人将此视为真实信息，并据此推测墓地位于山岗之上的说法并非属实。

3. 土地交易价格

学界一般都认为买地券是对现实土地买卖契约的模仿，认为它是现实土地买卖契约的"翻版"，因此买地价格就成为券文中的关键性内容。早期的买地券有关土地交易价格的书写方法，与人间契约基本相同。但自南朝以后，券文中买地价格的书写逐渐呈现出固定化的趋势，大多以"九九之数"为定制。与买地券范文不同，随时道买地券文中的土地交易价格有两种书写方式，其一言明其子随龙作为立契人，用价银十两从张姓地主处买到墓地。显然，这种"价银十两"的书写方式是模仿人间土地买卖契约，但这里所谓土地买卖价格应为虚拟，不能作为反映当时当地土地交易价格的依据。其二称"备净钱九万九千九百九十九贯，于皇天后土位下买到龙子岗阴地一方"，这里的"九万九千九百九十九贯"则是套用买地券范本，买地券中地价用"九九之数"是中国古代术数文化的一种展现，用夸张的手法表示买地花钱极多、买得土地极大，足够亡人在阴间使用。

4. 券文体现出的道教色彩

尽管学术界关于买地券起源是否与道教有关的说法存在争议，但不可否认的是买地券在发展演变过程中的确受到了道教的影响，买地券文也因此具有鲜明的道教文化特征。随时道买地券文也体现出较为明显的道教色彩。首先，随时道买地券文采用朱砂楷书从左向右书写。"朱书"或丹书是道教中的一种习惯，买地券文用朱砂书写，除因朱砂有"开运祈福，镇静安神"之用而常被道教用来画符驱邪外，还有其特殊意义，即仿"丹书铁券"的样式，用以强调土地交易合法有效，不可更改。其次，随时道买地券券尾有朱砂所画符箓，其中可辨文字为"土公青龙、土母白虎、后土皇帝、天皇守墓神君"。符箓是道教众多法术中的一种，也是人神沟通的凭证，其基本功能之一就是通过召神并借助神的力量实现各种不同的功能，如召神、成仙、消灾祈福、驱鬼等。道教多将神的名讳符箓化，使神灵的名字本身成为符，以此来召神驱鬼。后世的堪舆家大量吸纳了道教的安镇符箓，用于丧葬活动中的制鬼辟邪。随时道买地券尾符箓中的"青龙、白虎、后土皇帝、天皇守墓神君"均为道教神灵，其目的也是借此制鬼辟邪。再次，随时道买地券文部分内容也取法或借鉴道教，如在券文结尾处使用"女青使主五帝律令"的表述。据道经的相关记载来看，"女青"是道教最高神元始天尊的法旨和使者，同时还掌管玄都中宫鬼律，所以"女青"具有强大的镇伏万鬼的威力，买地券借助她的这种镇鬼威力伪托"女青"，其意在于说明此契约由道教尊神的使者女青书写，以增强其镇伏妖魔鬼怪的威力。同时为了使符咒更有效力，通常都书以"急急如律令"，此为道教符箓或咒语中常用的敕语，意为勒令鬼神依照符令火速遵行，其目的是借道教的至高权威去维护墓主的土地所有权，显示其法术的威慑力。

5.券文的书写

随时道买地券并没有严格按照《地理新书》或《三元总录》等所载买地券文临写，其中出现部分异体字及错漏之处。如"丘丞墓伯"写成"坵丞墓伯"，"千秋万载"缺失"载"字，"里外存亡"缺失"亡"字，"永避万里"缺失"避"字，"女青使者"写作"女青使主"。造成此类现象的主要原因在于买地券的使用至清朝时期已经逐渐衰落，买地券的制作、使用均由民间阴阳先生、方士、道徒承担，他们主要通过口头传承和文本传抄的方式继承买地券的制作和使用等知识、技能。这种传承方式一方面使得买地券文本得以长期留存并能够保持一定的稳定性；另一方面，由于民间阴阳先生等文化水平有限，在口头和文本传承过程中，不免产生文句不通、错讹舛漏等问题。

四、结 论

目前通州区已发现的清代买地券除随时道买地券之外，还有1998年通州区永顺镇出土的清康熙十八年（1679）程衡买地券，由此可知清代通州地区的丧葬活动中随葬买地券较为流行。明清时期买地券的使用范围虽然很广，但买地券的制作、书写和使用主要由民间的阴阳先生承担，因此明清文献中关于买地券的记载十分稀少。考古发现的买地券实物为我们了解买地券的使用情况及券文内容提供了宝贵资料。随时道买地券虽然具有制式化的特点，且在内容方面虚实结合，其史料价值不如墓志，但仍为我们认识和研究清代前期北京地区丧葬习俗及买地券使用情况等提供了重要的实物资料。

①[宋]陶毂：《清异录》卷下，"土筵席"条，《文津阁四库全书·子部·小说家类》第1051册，商务印书馆，2005年，第899页。

②[宋]周密撰、吴企明点校：《癸辛杂识·别集下》，中华书局，1988年，第277页。

③[宋]王洙：《重校正地理新书》卷十四，《续修四库全书·子部术数类》第1054册，上海古籍出版社，2002年，第112页。

④北京市文物研究所：《海淀区行知实验小学明代明堂发掘简报》，《北京文博文丛》2014年第4辑。

⑤《茔原总录》卷三，转引自刘未：《宋元时期的五音地理书〈地理新书〉与〈茔元总录〉》，《北方民族考古》第1辑，科学出版社，2014年。

⑥[清]洪亮吉：《北江诗话》卷六，人民文学出版社，1998年，第105页。

⑦[清]高天凤修、金梅等纂：乾隆《通州志》卷一《封域·村庄》。

（作者单位：北京市文物研究所）

清内府本的官方翻刻考述

刘甲良

有清一代，清内府刻书不辍，其中一个重要的目的是通过典籍的编纂，宣传其皇权政治的合法性。清朝诸帝，不遗余力扩大内府图书的影响。但仅靠内府刊刻的图书，难以满足需求。为此，清政府往往采用请印与翻刻等方式加强内府图书的流通以扩大影响。请印是自行出资请官府代为刷印某书，翻刻乃是以内府本为底本进行重新刊印。翻刻的主体有内府本身、地方政府机构、官书局、私家及书坊等。书坊翻刻，逐利为上，所翻刻的大多乃市场所需，一般质量较差，本文暂不予探讨。官方翻刻则和内府刻本一脉相承，构建成为整个社会的思想舆论阵地，在内府翻刻流通方面占据重要的地位。

一、内府翻刻内府本

清代统治者注重刊刻儒家学说、编纂劝善书籍以教化士民，所以经典钦定著作屡屡被翻刻颁发。如顺治十二年（1655）顺治帝编纂的《御制劝善要言》不分卷（图一），后朝道光、咸丰、光绪皆有翻刻（图二）①。内府刷印图书时间如相近则还可能利用旧书版重印。但顺治到光绪相隔年代久远，顺治书版即便存至光绪也难堪敷用，而同治八年（1869）的大火把武英殿存贮书版焚烧殆尽。所以光绪时的《御制劝善要言》必是重新翻刻印刷。清初急于颁布向善书籍，教化人心以维系统治，但限于时间和自身财力等因素，也往往修补前朝书版予以印刷。如康熙二十二年(1683)王士祯上《请修经史刻版疏》：

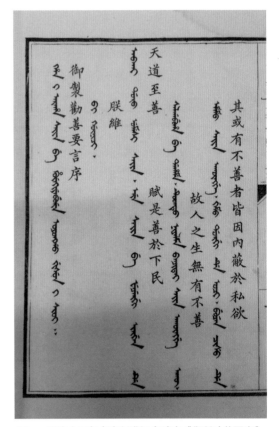

图一　顺治十二年内府刻满汉合璧本《御制劝善要言》

窃惟列圣道法之传莫备于经，历代治乱之迹莫详于史，古帝王内圣外王之学，不外经史而毕具矣。我皇帝聪明天纵，宵旰不遑，犹日御讲筵，研精经史，又以刊刻经书讲义颁赐诸臣，典学之勤，二帝三王蔑以尚矣。查明代南北两雍，皆有《十三经注疏》《二十一史》刻版。今南监版存否完缺，久不可知。惟国学所藏原版，废置御书楼，此版一修于前朝万历二十年，再修于崇祯

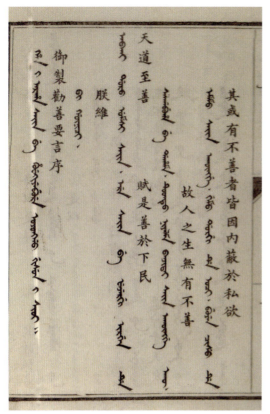

图二　咸丰朝翻刻内府满汉合璧本《御制劝善要言》

十二年，自本朝定鼎迄今四十余载，漫漶残缺，殆不可读。所宜及时修版，庶几事少功倍，伏乞敕下部议，查其急宜修补者，早为鸠工，俾刊缺悉为完书，亦仰裨益圣朝文教之一端也。[②]

此疏得康熙首肯，并谕民间如用国子监书版者听其使用。文中提到的《十三经注疏》的书版，故宫还存有六千余块。经再三核验，所存书版有挖补、铲削痕迹，个别书版有"万历"款，书版版式虽大体一致，但材质、形状、刊刻方式都有不同。书版版心是"康熙二十五年重修"，乃是挖掉原版心内容嵌入的。再查《十三经注疏》有万历十四年（1586）刻本。对照万历款，此次刊刻应是挖掉原书版"万历十四年刊"换成"康熙二十五年重修"的。上文提到的《二十一史》也是如此情况，挖改痕迹明显。万历二十三年（1595）至三十四年（1606）北京国子监据南监本《二十一史》翻刻。经核对北监

本《二十一史》版式与故宫所藏书版版式完全一样，皆为半版十行，行二十一字，小字双行同。而书版上面有"康熙二十五年重修"字样，应也是利用明代书版补刻而成。

二、地方政府翻刻内府本

清颁发地方内府本令其翻刻以流布成常态，尤其在康熙十九年（1680）武英殿修书处成立后，随着内府刻书能力的增强，所刊刻的内府本大为增多，颁发范围更广，逐渐形成了一套行之有效的颁发机制。乾隆七年（1742）奏准："武英殿所贮书籍，凡各衙门官员欲买者，由本衙门给咨、齐银，到日即行给发；非现任人员及军民等人欲买者，也准予给发，由翰林院给咨、齐银办理。武英殿所贮书版，亦听官员人等刷印。以后，每刻得新书，于呈样之日，即将应否听其刷印请旨，永著为例。"[③]至乾隆七年，将内府本颁发翻刻固定为制度。内府本颁发的对象主要是中央六部、各监院、地方各级政府及教育部门和寺庙等。颁发数量最大的是经史、律例、上谕，以及历法等日用类殿本。内府本颁发的目的一是为各级政府施政提供参考，如律令类图书上谕、《大清律例》及各部则例等书；二是供各省书院、学堂、寺庙等的学子及僧侣学习。清廷的最终目的是通过颁发图书以维系、加强统治。乾隆三年（1738）谕："将圣祖仁皇帝御刊经史诸书，颁发各省布政司，敬谨刊刻，准人刷印，并听坊间刷卖。原欲士子人人诵习，以广教泽也……"[④]以广教泽乃是统治者颁发图书翻刻的主要目的。颁发的对象一般都负有翻刻内府本流布的重任，各省布政司首当其冲，是翻刻内府本的主要机构。如乾隆三年谕："我皇祖御纂经书多种，绍前圣之心法，集先儒之大成，已命各省布政司敬谨刊刻，听人印刷，并准坊间翻刻广行……"[⑤]光绪三年（1877）议准："圣祖仁皇帝《御纂日讲

四书解义》，每省各颁一部。令该布政使刊刻，招谕坊贾人等刷印鬻售，广为流布。"⑥类似记载屡屡见诸史料，可见布政司翻刻内府本之频。

清廷在文化领域实行高压政策，对内府本的翻刻流通也存有严格的规定。首先是翻刻内容上的严格规定。清代入关未几即确立了"尊儒重道"的文化政策，所以清廷的刻书也是围绕此政策展开，刊刻了大量的经史类著作以教化百姓。同时，皇帝为维系统治钦定御纂了不少教化类图书，在流通过程中也得到了不遗余力地推广。但无助于教化、缺乏实际用途之书，一般不予以提倡，即便是御纂之书也是如此。乾隆四年（1739）谕："朕前降旨，内廷编纂刊刻诸书，许各省翻刻刷印，广为传布。盖以五经通鉴等书，为士子诵读所必需。而内廷纂刻者，实为善本，可以裨益后学，为艺苑之津梁也。至朕所制《乐善堂全集》及《日知荟说》，乃就朕所知所见著为文辞，其能阐发圣贤之义蕴与否？究未能自信。年来颁赐廷臣，亦不过令其阅看，岂可与经史并列，令天下士子奉为诵习之赀乎？今巡抚石麟、法敏先后奏请颁发二书，欲为翻刻流传，是不知朕心之甚矣。二臣既有此奏，恐他省踵至者不少，朕一一批示不胜其烦。特降此旨，谕令共知之。"⑦由此可见，乾隆对自己御纂之书尚且如此，对其他御纂书籍更为严格，一觉有违碍其统治则立即收缴。乾隆对其祖父康熙《御批资治通鉴纲目》进行了全国范围内的大规模收缴，对其父亲雍正的《大义觉迷录》也掀起了空前的收缴，前后均坚持几十年。

其次，翻刻形式上大都规定"照式翻刻"，尤其是皇帝钦定御纂的，如御制诗文、经书等允许地方翻刻，但必须照官版刊刻。所以翻刻本和内府本两者有时非常相像，难以鉴别。再次，地方各省督抚翻刻内府本，需将翻刻、下发情况如实奏报皇帝，有时要进呈样书以备检查。雍正八年（1730）五月湖广巡抚赵弘恩将翻刻

《大义觉迷录》情况上奏：

臣星速刊刷遍给，广为宣讲。恐穷乡僻壤或未有周者，令各属申请，陆续补发。并另行刊版三副，一送学臣携带于历试处所，听生童刷印，余二副给各府，挨递听绅士刷印，务期实力奉行，使家喻户晓。⑧

乾隆四十四年（1779）十二月初一日福建巡抚富纲上奏汇报了福建和东南各省翻雕的情况：

为初发聚珍版各书翻刻完竣恭折奏闻事，案照前准武英殿修书处奏准，将聚珍版排印各书给发江南五省翻版通行，并声明嗣后于每次进呈后陆续颁发等因，随奉分发《直斋书录解题》等书三十九种到闽。当经前抚臣饬司议定章程，委员设局如式刊刻，并经督臣于署抚任内随时督催。兹据刊刻完竣，并按大中小州县分别颁发，核计应需一千四百余部，均已刷印齐全，由司具详送验前来，臣取聚珍版各书边方士子罕得寓目，兹蒙圣上嘉惠士林，俯准翻刻，俾海澨山陬，皆得遂其快睹之，顾此诚旷古稀逢之盛事，至续奉发到《蒙斋集》等书十五种，臣现饬上紧刊刻，务期成功迅速，多多印刷，以便秘笈遍传闽峤，不啻家有赐书，以仰副圣上稽古右文之至意。所有翻刻初发聚珍版各书完竣缘由，理应缮折恭奏，优祈皇上睿鉴。谨奏阅。⑨

清代地方官府是翻刻内府本的最主要机构，内府依赖地方官府翻刻图书，广布教化。而地方官府也以刊刻内府本为荣，想借以升迁，在皇帝号令下往往翻刻踊跃，争相邀功。

三、官书局翻刻内府本

"官书局"是指晚清各地方出现的由地方政府设立的刻书机构。清朝末年，吏治腐败，内忧外患重重。西方入侵，在政治、经济和文化方面都对古老的中国产生

了冲击。而清内部的太平天国带来的文化冲击更为巨大。太平天国信奉拜上帝教，反对清赖以建国的儒教思想。所到之处毁文庙孔子像，把孔孟诸子之书视作"妖书"，予以焚烧销毁。又设立删书衙门，对孔孟之书大肆删改刊刻，给江南地区的书籍造成极大的毁坏。戡乱后，太平天国所侵扰的江南地区出现了无书可读、无书可购的局面。浙江巡抚马新贻奏："士子虽欲讲求，无书可读，而坊肆寥寥，断简残篇资难考究，无以嘉惠士林。"⑩李鸿章在《设局刊书折》奏："惟楚省三次失陷，遭乱最深，士族藏书散亡殆尽，各处书版全毁，坊肆无从购求。"⑪不惟如此，地方上出现大量禁书，动摇了清代倡导的儒学正统地位，社会风气日下，人心不古。江苏巡抚丁日昌上奏："目前人心不古，书贾趋利，将淫词邪说荟萃成书，编水浒传奇。略识之，无如探秘笈。无知愚民平日便以作乱犯上为可惊可嘉，最足为人心风俗之忧。臣在吴中业经严禁。诚恐此种离经叛道之书，各省皆有，应请旨饬下各直省督抚，一体严加禁毁，以隐戢人心放纵无所忌惮之萌，似亦维持风化之一端。"⑫另外，当时读书人为快速考取功名，往往四书五经未能成诵，即学为应试之文，读肤浅考卷。专叩以经义，茫然莫辨。甚至不知句读。人心愈浮，风俗愈弊。亟须地方振兴文教，正本清源。这一任务本来是由国家来完成，但清朝嘉、道以后，"天下多故，稽古右文，万机无暇，同治一朝，大乱甫定，天子冲龄，此事遂废，八年夏，武英殿灾，凡康熙二百年来之藏书储版，一炬荡然……而刊书之事，终同治一朝，阒然无闻，此为极衰时代矣"⑬。曾兴盛的内府刻书，进入极衰时代。为正本清源，振兴地方文教，官书局就此应运而生。

官书局的刻本内容前期主要是经史著作，尤其以内府本为底本。后期为筹措经费等原因，也刊刻了一些迎合市场的图书。在力量充实的基础上也刊刻了

大型丛书。乾隆朝始，内府本的请印翻刻已成定例。同治六年（1867）同治帝谕："……将列圣御纂钦定经史各书先行敬谨重刊颁发各学，并准书肆刷印以广流传，俾各省士子得所研求同敦实学用副朝廷教育人才至意。"⑭在皇帝的谕令下，援引成例，为正本清源，各地官书局纷纷翻刻内府本。浙江巡抚马新贻在浙江书局成立之初就要求"……先恭刊钦定《七经》、御批《通鉴》、御纂《古文渊鉴》等书，昭示圭臬。"⑮各书局把清代帝王钦定御纂的典籍作为刊刻重点。仅《御纂七经》就有浙江、江西、崇文、江南四种刻本。此外刊刻了如《御制劝善要言》《钦定古今储贰金鉴》《钦定康济录》《御注孝经》等（图三）。史部除照例刻印了《御批通鉴纲目》等御纂钦定之书外，比较有影响的则是五局合刻的《二十四史》（图四）⑯。也有刊刻大型丛书的，如江西书局刊刻"武英殿聚珍版丛书"外聚珍五十四种，广雅书局刊刻"聚珍版丛书"一百四十八种，浙江书局刊刻《九通》等。

道光以降，中国社会动荡不已，同治中兴是清廷短暂的复苏。官书局的成立是同治中兴时文化领域对危局的回应。官书局利用官府的力量，迅速聚集了知名的学者、优良的刻工，刊印了有利于清廷思想

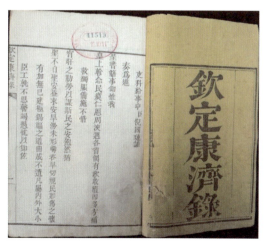

图三 乾隆五十八年（1793）魏礼焯翻刻《钦定康济录》

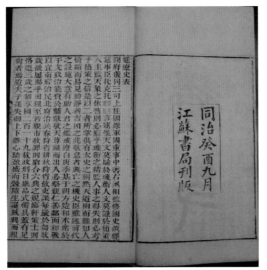

图四　同治十二年（1873）江苏书局翻刻《辽史》

统治的大量典籍。在一定程度上缓解了清廷的文化危机，有力地促使了科举和书院的恢复。但很快官书局走向了没落。光绪时，变法维新，建新式学堂，废科举。官书局成立的主要目的是为广大士子印制传统经史著作以供其科考。科举制的废除，使得官书局所刻图书需求量大为减少。而官书局官方色彩浓厚易滋生腐败，管理混乱，面对变局也不能及时变通，没落是必然的。

四、结语

清内府本的官方翻刻内容主要集中于皇帝御制图书及正经正史类等图书，体现出了明显的政治性。重点主要有两个方面：一是为了加强思想控制而大力宣扬儒家经典及发明、羽翼儒家思想的相关图书，如经部之《御注孝经》《御纂性理精义》《御纂周易折中》等御制类著作。二是与清代政治制度相关的典籍，如《大清律》《钦定吏部则例》《钦定工部则例》等。前者代表的是清代统治者的"治国理念"。各类翻刻机构通过不断翻刻此类图书，主要是为了保证将统治者所宣扬的君臣之道、三纲五常等伦理道德体系能上下传达、深入人心。后者则是国家政治体系

结构的文献架构。通过内府刊刻和官府翻刻这些法律、礼仪、典志类文献，从制度方面确立国家的运行机制，以确保国家机器正常运转。因此，清内府官方翻刻本实际上与内府本一样，是清代最高统治者治国意志的体现，亦是国家主流意识形态的载体。

① 具体版本：《御制劝善要言》不分卷，顺治皇帝御撰，清顺治十二年内府刻本。半叶八行，行十二字，四周双边，黑口，双鱼尾。版框高25.5厘米，宽17.7厘米。包背装。《御制劝善要言》不分卷，顺治皇帝御撰，清顺治十二年内府刻满汉合璧本，一册。半叶十行，行字不等。四周双边，白口，单鱼尾。版框高25.5厘米，宽24.4厘米。《御制劝善要言》不分卷，顺治皇帝御撰，清顺治十二年内府满文刻本。半叶八行，行字不等，四周双边，黑口，双鱼尾。版框高24.4厘米，宽17.6厘米。《御制劝善要言》一卷，顺治皇帝御撰，清道光武英殿刻满汉合璧本。半叶八行，行十八字。四周双边，白口，单鱼尾。版框高25.2厘米，宽17.8厘米。《御制劝善要言》一卷，顺治皇帝御撰，清咸丰武英殿刻满汉合璧本。《御制劝善要言》，顺治皇帝御撰，清光绪十七年武英殿刻本。

② 《钦定国子监志》卷二，《四库全书影印本》，中国台湾商务印书馆，1983年。

③ 《钦定大清会典》卷三百四十五《礼部》，中华书局，1991年。

④ 《清实录》卷七十"乾隆三年六月上"，中华书局，1985年。

⑤ 《清实录》卷七十九"乾隆三年十月下"，中华书局，1985年。

⑥ 《钦定大清会典》卷三百八十八《学校·颁行书籍》，中华书局，1991年。

⑦ 《清实录》卷八十七"乾隆四年二月下"，中华书局，1985年。

⑧ 国家图书馆：《明清代内阁大库档案史料》，国家图书馆出版社，2009年，第302页。

⑨ 翁连溪：《清代内府刻书研究》，故宫出版社，2013年，第275页。

⑩［清］马新贻：《建复书院设局刊书以兴实学折》，《马端公奏议》卷五，中国台湾文海出版社，1978年。

⑪［清］李鸿章：《设局刊书折》，《李文忠公全集·奏稿》卷十五，中国台湾文海出版社，1968年。

⑫宋原放、汪家熔：《中国出版史料·近代部分》，湖北教育出版社，2004年，第413页。

⑬陶湘：《清代殿版书始末记》，转引自程千帆：《校雠广义·版本编》，齐鲁书社，1997年，第186—187页。

⑭中国第一历史档案馆：《清代历朝起居注合集·清穆宗》卷二十六"同治六年五月"，中华书局，1993年。

⑮［清］马新贻：《建复书院设局刊书以兴实学折》，《马新贻文案集录》，中央民族大学出版社，2001年，第162—165页。

⑯刘甲良、马学良：《同光朝五局合刊〈二十四史〉考述》，《历史档案》2018年第2期。

（作者单位：故宫博物院）

壁留残雪梦，帖续晚香刊

——南海会馆《观海堂苏帖》考

张云燕

《观海堂苏帖》镌刻于清道光十八年（1838），因帖石置于南海会馆观海堂壁中而得名。帖石刊刻了宋代大书法家苏轼书写的29首诗歌，底本为南宋汪应辰所辑的苏书丛帖《西楼帖》拓本，因选择精当、刻工上佳，为众多文人墨客所推崇。《观海堂苏帖》的刊刻受到了当时"宗宋崇苏"风气的影响，也为京城赏苏、咏苏又增一处胜迹。

一、南海会馆的沿革与布局

北京南海会馆位于今西城区米市胡同43号。道光三年（1823），南海籍士人廖姓倡建县馆，吴荣光等同乡官宦慷慨捐资，将乾、嘉两朝重臣董邦达、董诰父子的故宅买下作为馆址。光绪六年（1880），又于馆南侧增购宅院二区，形成后来南海会馆的格局，共有四进13个院子，房屋190余间。

会馆中的建筑仍基本保持董宅的面貌，坐西朝东，并列四组院落，其北面三组是典型清代"三轴四部分"的官宅格局①（图一）。中轴为礼仪部分，包括大门和观海堂院、神厅院、神厅后院三进院落。观海堂院为礼仪正厅，为会馆祭祀、议事的场所。南轴为居住区，原本仅泳珠堂一进院落，后来添建云曙

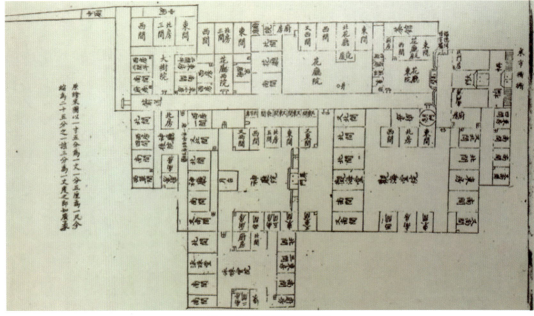

图一　京都南海会馆地段图

轩、摆秀堂院成为三进，布局紧凑整齐，以实用性为主。北轴为休憩部分，包括四进院落：花厅东院、花厅院、花厅西院和大树院。其中花厅院是清末思想家康有为来京时的固定居所。作为"戊戌变法"的策源地，康有为居住过的七树堂、汗漫舫等建筑在1984年被列为北京市文物保护单位，会馆主产的其他建筑则作为建设控制地带处理。

二、《观海堂苏帖》基本情况

南海会馆的观海堂壁间原本嵌置着15方书法帖石，镌刻了宋代书法家苏轼所书诗歌29首，以其所处地点而得名《观海堂苏帖》。这套帖石刻成于道光十八年，规模虽不甚大，却因选择精当，刻工上佳，历来备受赞誉，在清朝晚期的诸多刻帖中占据重要地位。

据长期居住在会馆七树堂中的老居民关珮瑜女士回忆，帖石的存放地曾几经变化。先是从观海堂院中移出，置于会馆花厅院（康有为故居）东游廊中。20世纪50年代初，游廊被拆除，帖石被堆放在院角枣树下长达数年。后来移至南横街粤东新馆碑亭，嵌墙保存。"文革"中，帖石中的11块被砸毁，其余被用来铺地，现今皆已佚失。2013年，岭南美术出版社出版《北京南海会馆观海堂苏帖》一书②，将全套拓片影印出版，为研究提供了便利。

帖石共刻苏轼所书诗文29首，具体篇目如下：

1. 《次韵苏伯固游蜀冈送十孝博奉使岭表一首》（正书）
2. 《子由生日以檀香观音像及新合印香银篆盘为寿一首》（正书）
3. 《次韵三舍人省上一首》（行书）
4. 《送贾讷倅眉一首》（行书）
5. 《书郭熙〈秋山平远〉一首》（行书）
6. 《书郭熙〈秋山平远〉二首》（行书）
7. 《和王明叟喜雪一首》（行书）
8. 《梅花一首》（草书）
9. 《雨中一首》（行书）
10. 《读孟郊诗二首》（行书）
11. 《次韵答刘泾一首》（行书）
12. 《章质夫寄崔徽真一首》（行书）
13. 《续丽人行一首》（行书）
14. 《轼谨赋挽辞一章寄献故提刑郎中伯伯灵筵》（正书）
15. 《次韵完夫舍人见戏一首》
16. 《调巢生一首》（正书）
17. 《王仲至侍郎见遗秼栳诗一首》（行书）
18. 《昔年七绝三首》（行书）
19. 《熙明张侯永康所居万卷堂一首》（行书）
20. 《次韵子由送家退翁知怀安军》一首（行书）
21. 《都厅题壁诗并和诗》（行书）
22. 《行县诗卷》（行书）
23. 《送杨礼先知广安军一首》（行书）
24. 《正月二十日往岐亭郡人潘古郭三人送余于女王城东禅庄院一首》（行书）

帖石末尾刻正书小字题跋：苏文忠《西楼帖》诗文二帙，吴荷屋中丞所藏宋拓本也。余酷爱之。与孔炽庭太史选其精者，重摹诗二十九首，刻成置南海馆中。道光戊戌冬廖甡记。阴文印"鹿侪"（图二）。

三、《观海堂苏帖》与《西楼帖》

镌刻《观海堂苏帖》所依据的底本并非是苏轼书法墨迹，而是另一部丛帖《西楼帖》流传下来的拓本。

《西楼帖》，又称《成都西楼苏帖》，刻于南宋乾道四年（1168），是一部汇集苏轼一家之书刊刻而成的大型丛帖。刻帖者为汪应辰（1117—1176），字圣锡，信州玉山（今江西省上饶市玉山县）人。诗人，散文家，学者称玉山先生，《宋史》有传。十八岁即考取进士第一名，授镇东军签判，回朝后召为秘书省正字。因反对秦桧议和遭到贬斥，谪

图二　《观海堂苏帖》末尾题记

建州、广州等地十数年。至秦桧死后方召回得以重用，累官至吏部尚书。卒，谥文定。《宋史·艺文志》载文集五十卷，今传《文定集》二十四卷。

乾道元年（1165），汪应辰以敷文阁直学士出任四川制置使、知成都府。《西楼帖》即在此期间刻成。帖石所置之西楼位于成都府治内，常常作为太守招待僚属或来宾饮宴的场所。据徐无闻《成都西楼苏帖初笺》考证，西楼在唐时位于四川节度使署内，五代前蜀、后蜀时被改建为皇城，北宋真宗时，张咏移节署于蜀宫，西楼即蜀宫中的会仙楼[3]。宋元易代之际，成都作为抗元战争的重要地区，建筑损坏颇多，西楼并墙上嵌置的苏书帖石也一并毁于战火。

史载《西楼帖》卷末有汪应辰题记："右东坡苏公帖三十卷。每搜访所得，即以入石，不复诠次也。乾道四年三月一日，玉山汪应辰书。"[4]如果按照宋人刻

帖一般分卷的容量来推算，三十卷大约相当于《淳化阁帖》的三倍，堪称洋洋大观。汪应辰数年苦心搜集，聘请良工精心摹刻，历代藏家向来认为帖中所收无一伪作，且刻工精致，能够逼真地表现东坡的笔墨精神。光绪年间，杨寿昌为刊刻《景苏园帖》，委托杨守敬为之选择苏书篇目。杨守敬遍阅当时所见的历代苏书帖本，一一评定真伪优劣，在评价此帖时赞道："大抵汪氏《西楼帖》去东坡未远，故所收皆晚年精到之作。"[5]

遗憾的是，《西楼帖》原石已经佚失不存，现存拓本也不完整，存量大约仅相当于原帖数量的三分之一。现存《西楼帖》传世拓本共计六册，天津博物馆收藏五册，北京市文物商店收藏一册。《观海堂苏帖》所刻诗文皆出自天津博物馆所藏之第四、第五两册，为研究方便，现将这两册《西楼帖》拓本的流传情况做一简要梳理。

天津博物馆所藏《西楼帖》拓本五册，其中第二、三、四、五册形制相同，所钤收藏印也相差不大，应当是作为一个整体流传的。根据其中的题记、印章等，可以考证出这几册拓本在清中期以后的流传脉络。道光十五年（1835）何绍基购得拓本，不久后被吴荣光索去。道光十八年，廖甡、孔炽庭从吴荣光处得见此帖，选择诗文29首刻成《观海堂苏帖》。吴荣光去世后，其子于道光二十六年（1846）将拓本转赠给潘正炜。另据何绍基题记，同治二年（1863），帖册已归于南海伍氏。随后，又经王存善收藏，宣统元年（1909），端方从王存善处购得四册拓本，连同光绪二十七年（1901）从广东购得的另一册《西楼帖》旧拓合在一起，形成了今日所见的规制。端方去世后，后人将五册一并出售给徐世昌。徐世昌晚年居住在天津，离世后收藏皆归从弟徐世章保管。1954年徐世章去世，家人遵其遗嘱，将徐家所藏尽数捐给国家，五册《西楼帖》拓本入藏天津市艺术博物馆。2004

年，天津市艺术博物馆与天津市历史博物馆合并，建成天津博物馆。

四、《观海堂苏帖》的刊刻与书法艺术

经过核对篇目，《观海堂苏帖》所刻诗文皆出自天津博物馆所藏之第四、第五册，比原拓本仅少四篇，编次顺序与原拓相同。从帖后题跋可知，编选篇目者为廖枟与孔继勋⑥。

廖枟（1788—1870），字鹿侪，广东南海（今广东省佛山市）人。嘉庆二十二年（1817）进士，授工部主事，历任都水司主事、营缮司员外郎、都水司郎中等职。京师南海会馆筹建人之一。道光十八年授四川夔州府知府，亦曾任河南开封府遗缺知府、汝宁府知府、南汝光兵备道等职。

孔继勋（1792—1842），字开文，号炽庭，广东南海人。道光十三年（1833）进士，选庶吉士，散馆授编修，充国史馆协修。因清翰林院有修史职能，故以"太史"称翰林。孔继勋少传才名，精于书法，又工诗文，尤其对鉴别古人法书名画独具精识。笃嗜收藏，建"岳雪楼"存放所藏古籍字画。其子孔广陶、孔广镛亦善于书法，锐意收藏，将家藏名迹撰为《岳雪楼书画录》传世。

《观海堂苏帖》中所收苏轼诗文年代跨度较大，充分反映了苏轼各个时期的书法特点。《读孟郊诗》（图三）、《次韵答刘泾》、《章质夫寄崔徽真》、《续丽人行》等皆写自元丰元年（1078）上半年，此时正值苏轼个人书法风格的形成期，结体显得略扁，且用笔提按明显。苏轼在元丰年间书风的转变与颜真卿、杨凝式、李邕等人的影响有关。元丰八年（1085）十二月写成的《次韵完夫舍人见戏一首》，可以看到苏轼个人书风已发展成熟。《送贾讷倅眉诗》（1086）、《次韵子由送家退翁知怀安军》（1087）、

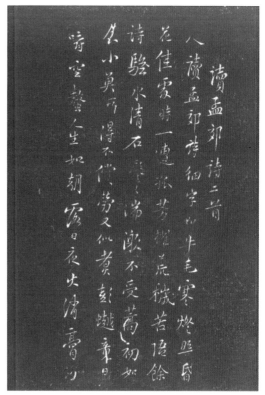

图三　《读孟郊诗》局部

《次韵三舍人省上》（1087）（图四）等诗写成于苏轼仕途的平稳期，心态闲适，生活顺遂，作品多潇洒自如。从帖中可见，其个人风格得到了强化，结字呈右上方倾斜，用笔提按加重，字形大小不一，通篇气韵连贯，堪称"无意于佳乃佳"的绝好范例。《观海堂帖》所选诗中，创作时间最晚的是绍圣元年（1094）二月的《子由生日以檀香观音像及新合印香银篆盘为寿》（图五）。上年九月宣仁皇太后去世，哲宗亲政，元祐旧臣前途难测，苏轼在纷乱的时局之下出知定州。此时苏轼已年近六十，行笔老辣，气势沉雄，可谓"人书俱老"，正是杨守敬所谓"晚年精到之作"，弥足珍贵。

《观海堂苏帖》由吴荣光亲自钩摹，刻工为京师名手劳子六⑦。晚清宋诗派作家、被称为"西南巨儒"的郑珍盛赞此帖："此东坡先生墨迹十五石，荷屋所钩摹者。世刻苏书，莫美于戏鸿堂《寒食帖》，以斯比之，又下矣。"⑧此帖绝少失

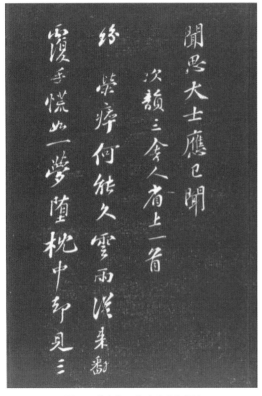

图四　《次韵三舍人省上》局部

笔，以致"几于篇篇尽善"，较忠实地传达出了苏轼书法的笔墨意蕴，尤为难得。

五、"年年置酒寿东坡"

《西楼帖》拓本收藏者吴荣光是清代后期为数不多的大收藏家之一，书画藏品丰富，所收多海内绝品。选择苏轼书法刻于会馆之中，有吴荣光本人书法偏好的缘故，也与嘉、道以降京城的宗宋崇苏之风有关。

康有为曾称赞同乡先贤吴荣光："吾粤吴荷屋中丞，帖学名家，其书法为吾粤冠。"又说："吴（荣光）为深美，抗衡中原，实无多让。"⑨陈永正在《岭南书法史》中写道："吴荣光早年学欧阳询，……后受刘墉、翁方纲的影响，转习苏轼的行书。虽率意作书，而不离规矩，取姿东坡，则变化其笔法，离披特甚，时人戏称之为'烂苏体'。"⑩吴荣光的行楷书主要取法苏轼，与苏体对比，可以看

出不少相似之处。从笔法上看，二人都采用中锋为主、中侧并用的方法，结字上吴荣光也有苏轼一般"左秀右枯"的特点。

翁方纲是对吴荣光影响较大的人，二人在书法上的交往非常频繁，吴荣光的许多藏品都经过翁方纲题跋。翁方纲对苏轼极为推崇，在广东购得苏轼《天际乌云帖》墨迹，又在英德南山后崖壁间发现苏轼手题，重摹刻石自随，并从此自号"苏斋"。乾隆三十八年（1773）冬，翁方纲在琉璃厂购得宋版《施顾注苏诗》残本，大喜过望，于同年十二月十九日，在苏斋召集同人为苏轼庆祝生日。后来，这一活动被翁方纲坚持下去，往往在每年的十二月十九日，翁方纲都在苏斋设东坡像，请文人墨客来此小集，为东坡祝寿，并观赏苏诗善本、苏轼书画作品等，题咏唱和。"为东坡寿"的活动直至翁方纲去世前一年仍在进行。此外，翁方纲在江西为官时，每年都为黄庭坚过生日，并刻印黄诗

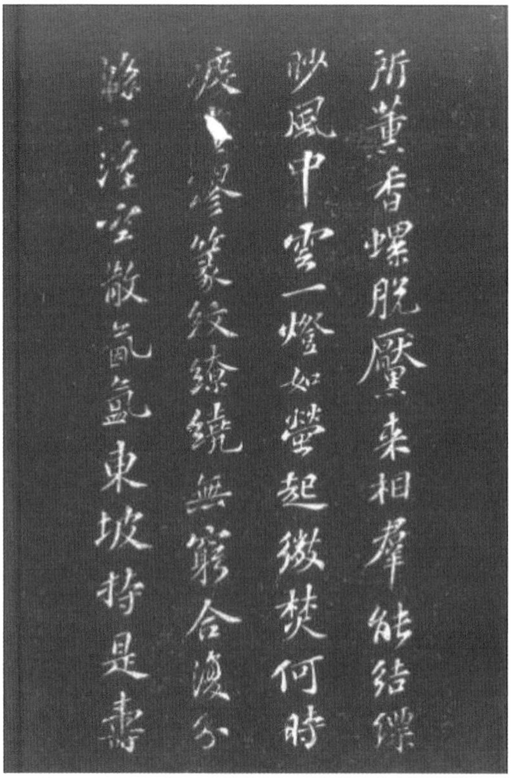

图五　《子由生日以檀香观音像及新合印香银篆盘为寿》局部

注本，可见殷殷崇宋之情。

吴荣光作为"苏斋弟子"，也多次参与到"为东坡寿"的活动之中。嘉庆十七年（1812），翁方纲八十大寿这一年的十二月十九日，吴荣光还将自己所得的蔡襄《茶录》宋拓残本携至苏斋，与《天际乌云帖》《施顾注苏诗》同观，与会者多有诗作。

"为东坡寿"的活动经过翁方纲近二十年的坚持，成为了京城文人冬季十分重要的一次雅集。翁方纲去世后，程恩泽等人也会在十二月十九日这天召集文人同观书画，题诗相和，为东坡庆生。

这种对苏轼的推崇固然有翁方纲等人个人偏好与号召力的因素在，能在数十年的时间里，聚集一批在京城文坛、书坛有影响力的文人，举行"为东坡寿"的仪式，必然与当时学术圈中涌动的思潮有关，程恩泽本人便是道、咸年间兴起之"宋诗派"的领袖之一。《观海堂苏帖》正刊刻于宋诗之风大行其道的时期，也使京城咏苏、赏苏又增一处胜迹。

---

①北京南海会馆布局参见《宣统南海县志》卷一"图说"，《京都南海会馆地段图》《京都南海新旧会馆并附属邑馆公产地段全图》，《中国地方志集成·广东府县志辑》第30册，上海书店出版社，2003年，第11—13页。

②本文中《观海堂苏帖》拓片均引自该书，下文不再一一说明。

③④徐无闻：《成都西楼苏帖初笺》，《西南师范大学学报（哲学社会科学版）》1990年第2期。

⑤⑦陈上岷：《杨守敬选刻〈景苏园帖〉采用的原帖目录及述评》，《文物》1983年第1期。

⑥廖、孔二人生平参见《中国方志丛书·同治南海县志》卷十三《列传》，中国台湾成文出版社，1967年，第237、258页。

⑧[清]郑珍：《跋吴荷屋刻〈东坡诗稿〉拓本》，见郑珍：《巢经巢文集》卷五，《丛书集成续编》159册，中国台湾新文丰出版公司，1989年，第96页。

⑨[清]康有为撰、崔尔平校注：《广艺舟双楫注》"尊碑第二""行草第二十五"，上海书画出版社，1981年，第83—84页，第235页。

⑩陈永正：《岭南书法史》，广东人民出版社，1994年，第114页。

（作者单位：北京石刻艺术博物馆）

清代大龙邮票的真伪鉴定

李亚静

自从1840年5月英国发行世界上第一枚邮票黑便士以后，世界各国也先后发行了自己的第一套邮票。这些邮票的重要性和珍罕性很高，所以在其发行后不久，就有了仿制品的出现。

尽管这些早期仿制品最初都是以集邮为目的——为使那些买不起或买不到早期邮票的普通收藏者聊作补缺填空之用，但对于当时的人们来说，它们极具欺骗性。而对于日本1871年发行的第一套龙切手（"切手"是日语对邮票的称呼），后人几乎不用担心其真伪。因为几乎所有稍微像样点的仿制品，票面上都会印有"参考"或"模造"字样（图一、图二）。这对于那些即便从未见过其真票的收藏者来说，也不会存在任何问题。否则受骗者将会不计其数，因为日本龙切手仿制品的水平确实较高（图三）。

一、清代大龙邮票发行背景

1840年鸦片战争以后，侵华列强疯狂攫取在华利益，海关也由外国人把持。时任大清海关总税务司赫德（Robert Hart，英国人）通过与李鸿章的关系，使清政府同意由海关来试办邮政。赫德指派天津海关德璀琳（Gustav von Detring，英籍德国人）于1878年3月23日首先在天津海关开办华洋书信馆，收寄公众信件；后相继在北京、牛庄（营口）、烟台和上海试办海关邮政。在此基础上，德璀琳指示上海海关造册处负责印制邮票，于1878年7月开始发行。这就是中国第一套邮票——习称"海关大龙"的大龙邮票。大龙邮票的发行，标志着中国近代邮政的开端，在中国邮政史上占有重要地位。

大龙邮票于1878—1883年先后分三期印制发行，根据所用纸张和整张上的票图间距，分别称为"薄纸大龙""阔边大龙"和"厚纸大龙"。大龙邮票全套3枚（图四），图案相同，面值分别为1分银（绿色，印刷品邮资）、3分银（红色，普通信函邮资）和5分银（黄色，挂号邮资）。

二、大龙邮票赝品的出现

（一）早期低水平的大龙邮票仿制品

大约在19世纪末20世纪初，开始出现最早的大龙邮票赝品。确切地说，这些赝品还只是仿制品，并非以假冒人龙邮票为

图一　龙切手真品

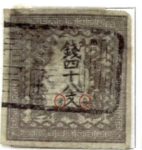

图二　龙切手参考品

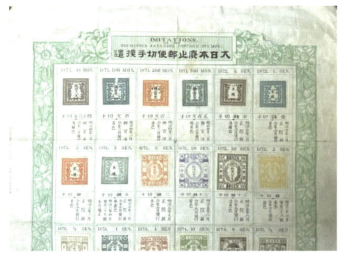

图三 明治二十三年（1890）八月三日印制的龙切手仿制品图谱

图四 大龙邮票

主要目的。那个时候，中国海关邮政发行的大龙、小龙和万寿邮票已经是一票难求。为了使对中国邮票有兴趣的中外集邮者了解中国邮票长什么样，由外国邮商印制出版了中国邮票定位页，将他们自行印制的这一时期的中国邮票贴在上面（图五）。

这些仿制品有不同的版本。有的质量很差，其纸张、齿孔和颜色与真票相差很大，很容易区别（图六），只是令有些完全没见过真票的人产生困惑，故没有多大的鉴定意义；但有些仿制品质量要好很多，具有一定的欺骗性。

（二）中期大龙赝品已具相当水平

中期大龙邮票赝品大多出现在20世纪晚期，以仿冒真票为目的。在此之前，大龙邮票的市场价格并不是很高，故伪造的迫切性不是很强。

这些伪造品据说也是来源于国外，有较多的版本，水平参差不齐，质量差的

近乎"一眼假"。直到今天，这些赝品还时常出现在国外的一些拍卖上。如2019年11月瑞典一个拍卖目录中的中国邮票，其中前3枚即为一套大龙邮票赝品（图七）。做得好的赝品，甚至可以堂而皇之地进入大型拍卖，并能以和真票不相上下的价格成功拍出（图八）。

2012年7月，中国某邮票拍卖网站拍出了一套大龙旧票。经过27人次几天的竞价，最后被人以人民币8690元的价格拍获（图九）。但令竞拍者万万没想到的是，他们拼死一搏的心爱之物，竟然是赝品！

（三)近期出现的高质量赝品

这些赝品的出现只是近两三年的事，尚不清楚其来源和制作者，但是制作水平很高，几可乱真，在某些国际知名拍卖公司已有露面。

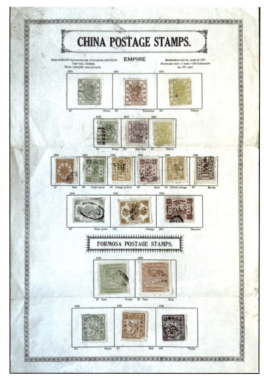

图五 早期的仿制邮票定位页

图六　早期低水平大龙邮票仿制品

图七　中期大龙邮票赝品

这些高质量的赝品不再以单枚为单位，而是以大方连甚至是全张的形式出现，就连邮票全张的版模特征也一一在列（图一〇）。其水平之高和规模之大，不是过去那种小作坊式制作所能同日而语的。

三、大龙邮票赝品的鉴别方法

由于大龙邮票赝品出现的历史有百余年，各时期的制作并无统一标准，工艺水平也是天壤有别，故针对不同质量的赝品，需要采用不同的鉴别方法。这是鉴定大龙邮票赝品的基本原则。

（一）早期低水平的仿制品

由于这个时期仿制大龙邮票的目的只是为了起到一个图示的作用，并且没有刻意追求质量，因此制作十分粗糙，在纸张、齿孔、刷色及图案等方面都与真品相差甚远。市场上可偶遇，但卖家往往会注明为参考品。

（二）中期的仿真赝品

这一时期从民国中期一直到20世纪末。其间出现过不少版本，水平高低参差不一，但目的都是为了充真。在这些赝品中，对于行家而言，那些质量差的很容易辨别，而对于普通收藏者来说就不一定了。对于这些赝品的鉴别，通常是从以下几个方面着手。

1.邮票图幅。图幅是指单枚邮票图案的尺寸。大龙邮票虽有薄纸、阔边和厚纸三种类型，但其图幅相同，均为宽22.5mm、高25.5mm（图一一）。所不同的只是因邮票打孔距离不同而造成的邮票票幅不一致（票幅是指单枚邮票的尺寸），故凡图幅不是宽22.5mm、高25.5mm者，即可认定为赝品。

图八　中期大龙邮票赝品

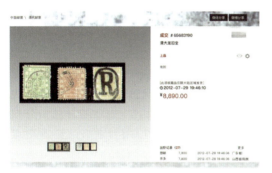

图九　2012年拍出的大龙邮票赝品

2.齿孔度数。齿孔度数是指20mm内邮票的齿或孔的个数，通常用"P"表示。大龙邮票由当时的上海海关造册处印制，采用当时欧美国家通用的工业化线式打孔器打凿齿孔，齿孔度数为P12.5°。而仿制品和赝品往往采用小作坊式生产，绝大多数都达不到这种齿孔度数。

3.用纸。1878年印制第一套大龙邮票时，所用纸张是一种质量较好的薄纸，虽薄却韧，且稍显透明，故称"薄纸大龙"。赝品用纸则较粗糙，厚而发软，质量较差（图一二）。

4.背胶。背胶是指涂刷在邮票背面的胶层。未使用过的大龙邮票，可见其背胶较薄，而赝品背后则往往无胶。

5.邮戳。也许是为了遮掩票图的缺陷，很多赝品在

图一〇　近期大龙邮票5分银全张赝品

其票面上加盖了自己刻制的"邮戳"（图一三）。造假者可能不知，这种画蛇添足的败笔，反而更容易让人识别出其真伪，因为假戳更容易被识别。只要能认定是假戳，便可立判该票为赝品。大多数赝品上盖销的戳记质量很糟糕，只有极少数质量较好的戳记盖得比较仿真。

6.邮票图案和文字。根据不同质量赝品的水平采用不同的鉴别方法，依次为目测法、目测局部对比法、放大对比法、仪

图一一　大龙邮票的图幅

图一二　大龙邮票赝品所用纸张及背面

图一三　盖有"邮戳"的大龙邮票赝品

器对比法和电脑图像重叠分离对比法。

（1）目测法。此法用于鉴别低水平的赝品。直接用肉眼对比即可识别，无需赘言。

（2）目测局部对比法。将待检品票面的某个局部与真品作比较（如某一文字笔画或图案线条等）。

（3）放大对比法。用复印机或扫描仪将待检品与真品同时放大2～5倍，再进行重叠比较。此法也无需赘言。

（4）仪器对比法。将待检品的票面与真品同时置于光学比对仪中，用仪器来对比真品与赝品的细部区别（图一四）。

（5）电脑图像重叠分离对比法。分别将待检品与真品的票面图像在电脑上独立成像后，再进行重叠对比。

其中（3）（4）（5）适用于鉴别那些高质量赝品的图案和文字。

7.颜色。大龙邮票采用高质量的印刷油墨印制。如果在正常情况下保存，虽然经历了140个春秋，但仍能保持自身固有颜色的新鲜明快；赝品的颜色则常因容易被氧化褪色而显得暗淡无华（图一五）。

四、运用上述鉴伪方法，鉴定2012年拍出的那套大龙旧票

前面曾提到过在2012年7月的一次网络拍卖中，一套大龙旧票赝品经过27人次争抢，最后以8690元拍出。其成交价甚至高于当时的市场价，为什么会是这种结果？为什么说它们是赝品？它们假在哪里？我们是如何证实的？下面来一一进行分析。

（一）1分银旧票

我们首先注意到，这枚1分银旧票的齿孔度数是P12.5°，即每条横边上有15个齿或孔（在网络拍卖时，人们见不到实物，无法亲自去度量邮票的齿孔，故计算邮票边的齿孔数目就成了一个不错的替代方法），颜色、图案、文字与真品十分相似（图一六），所以用普通方法很难得出可靠的结论。于是我们转而采用"电脑图像重叠分离对比法"，将该票与一枚已知的新票真品作比较。具体做法是：将旧票的图文处理成黑色，进行重叠分离对比，并有意使新、旧二票造成约0.2mm的距离差，以便于对比各局部的细节。结果发

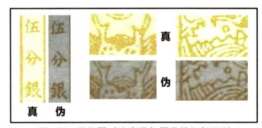

图一四　用仪器对比真品与赝品的细部区别

图一五　大龙邮票真品与赝品颜色对比

图一六　1分银旧票待检品

图一八　3分银旧票待检品

图一九　5分银旧票待检品

现，2枚邮票几乎完全一致（大龙邮票每个子模均为手工翻制，全张上每枚邮票的图文细部不可能完全一模一样，故这里有意忽略因子模特征区别所造成个别位置上的细微差异），结论是：这枚旧票与真票对照一致（图一七）。

既然邮票是真的，那为什么说它是赝品呢？原来它的假是因为上面盖了一枚假邮戳。这枚天津海关邮戳上的日期是1879年4月9日，是一枚后期私人刻制的伪造邮戳，刻制水平算得上中等水平。对于有经验的集邮家来说，能够一眼就识别得出来；但是对于大多数集邮爱好者来说，却具有较强的欺骗性。

一枚好好的新票，为什么要做成旧票呢？原来在3枚不同面值的大龙邮票中，1分银旧票是最少见的，所以就有人设法盖上了假戳。根据邮展评审规则和邮票真品的定义，当一枚真票盖上了假邮戳时，就是赝品。

（二）　3分银旧票

这枚3分银旧票的图案和文字，显

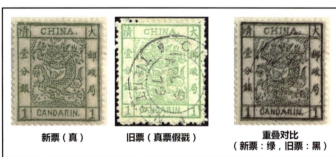

新票（真）　　　旧票（真票假戳）　　　重叠对比
　　　　　　　　　　　　　　　　　　　（新票：绿，旧票：黑）

图一七　1分银旧票待检品与新票真品重叠分离对比

然不及上述1分银旧票那么无可挑剔（图一八）。与真票相比，其图文错误百出，尤其是它的齿孔与真票相比时，更是惨不忍睹：真票齿孔度数为P12.5°，即每条横边上应有15个齿或孔，而该票的每条横边上却只有12个齿或孔，即齿孔度数为P10.75°。

用齿孔度数鉴别大龙邮票的真伪，是一种最直接有效的方法。凡齿孔度数不是P12.5°的，均可视为赝品。

（三）5分银旧票

这枚5分银旧票，满满地盖了一个"R"挂号戳（图一九），这在大龙旧票里是很少见到的。

前面已谈到，凡齿孔度数不是P12.5°的大龙邮票，便可判定是赝品。但绝不能说，只要齿孔度数是P12.5°的，就一定不是赝品。这枚5分银旧票的齿孔度数恰恰就是P12.5°（横边的齿数或孔数为15个）。

对于经验不够丰富的收藏者来说，最有效的方法就是用

图二〇　5分银待检品与真品的图文细节重叠对比

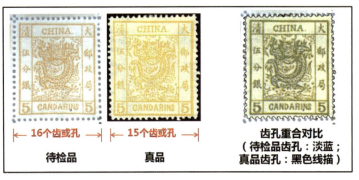

图二一　5分银待检品与真品的齿孔重叠对比

一枚真票来对比二者的图案和文字细节。但不幸的是，这枚5分银旧票大部分图文都被这个黑戳给遮盖了。这时我们可能会心生疑惑：票上是不是有什么猫腻，不想让人们去仔细观察？于是我们更加仔细地去作对比。即使从留存不多的图文之中也能看出明显的差别，同时也感到这种邮戳的油墨油性不足，甚至都遮盖不住票图上黄色油墨的线条。

　　而将该票翻转到背面后，结果令人大吃一惊：邮戳的墨迹大面积渗透到了票背。这就告诉我们：（1）该票使用的不是大龙邮票的用纸，因为大龙邮票无论使用的是薄纸还是厚纸，其纸质都很好，均不会出现这种邮戳墨迹渗透的情况；（2）销戳所用的油墨，也不是大清邮局所使用的那种高质量油墨。所以综合起来看，这枚5分银旧票也是赝品。

　　这套经过激烈竞拍后以高价成交的大龙邮票赝品，只是一个颇有代表性的个例。对它们的鉴别，涉及到邮票图文、纸张、图幅、齿孔、油墨、刷色、邮戳等诸多方面，并综合运用了前文所提及的各种鉴定方法。相信收藏者如能按照我们的方法去思考和实践，"走眼"和错买的概率一定会大大降低。

五、结语

　　最后，再来看看前文提到的那件大龙5分银新票全张。客观来讲，其邮票图文、纸张、图幅、油墨效果、刷色乃至版模特征等，几乎都与真品无异，做伪水平已达到了几乎可以乱真的程度。例如，我们从5分银全张中任意选取1枚作为待检品，与1枚已知的5分银真品作对比时，二者的图文在不留距离差的情况下，各细节竟然几乎能够完全重合。如果说二者确实有略微差别之处的话，那就是待检品左上角的"清"字略比真品靠右（图二〇），而这种情况在大龙邮票真品中是不可能出现的（将待检品的图文处理成淡蓝色，以便于和真品对比各局部的细节。这里仍有意忽略因子模特征区别所造成的个别位置上的细微差异）。

　　当我们将研究对象转到齿孔上时，"李鬼"顷刻间就昭然若揭了（图二一）。在待检品与真品图文完全重合的情况下（将待检品的图文和齿孔处理成淡蓝色，真品的图文为黄色、齿孔处理成黑色线描，以便于作各局部细节对比），尽管图文的各细节几乎能够完全重合，但是：（1）待检品的齿孔明显打凿不齐，而大型工业化生产所用的打孔器是不会出现这种问题的；（2）待检品横边上的齿数或孔数为16个，而真品应为15个。

　　（作者单位：中国邮政邮票博物馆）

晚清民国时期的影像资料与万寿寺史迹

李　蓓

万寿寺位于北京市海淀区，地处长河北岸，始建于明万历五年（1577），经清康熙、乾隆、光绪时期多次扩建，成为京西著名的皇家大寺。万寿寺占地三万余平方米，分为东、中、西三路，中路建筑依次为山门、天王殿、大延寿殿、万寿阁、大禅堂、假山、乾隆御碑亭、无量寿佛殿、光绪御碑亭和万佛阁等，主殿的两侧均建有配殿、配房、群房等附属建筑。东路为方丈院，西路为行宫院。各组建筑布局严谨，错落有序，是研究明清寺院建筑的典型实物资料。民国成立以后，万寿寺失去皇家庇佑，寺院建筑失于维护，日渐凋敝。

19世纪40年代，摄影术传入中国，至1860年前后在中国普及。从最初的人像摄影，到纪实摄影、新闻摄影，这些影像史料多角度、全方位地记录了晚清民国以来的社会生活。

1895年至1937年间，多位摄影师曾来到北京西郊万寿寺，拍摄了当时万寿寺的园林建筑及历史风貌。他们的照片成为研究万寿寺历史沿革的重要依据。本文以1895年至1937年间拍摄的六组影像史料为主要历史依据，与文献史料、报刊档案相互补充，尝试以更加直观的方式，厘清这一时期内万寿寺建筑群的变迁，还原已经消失的建筑与塑像的原貌。

一、1895—1906年山本讚七郎拍摄的乾隆御碑亭、无量寿佛殿及中西合璧门

日本摄影师山本讚七郎于甲午战争后来到中国，在北京霞公府附近开设"山本照相馆"，为清廷王公大臣和在华外国人拍摄了许多照片。《清稗类钞》中记载："日人某精摄影，庆王为之介绍于孝钦后，令至颐和园为照一簪花小像，即在庆邸消莨园洗晒。已许以千金之赏矣，内廷传谕又支二万金。"其中的"日人某"就是山本讚七郎[①]。

山本讚七郎对中国文化很感兴趣，其拍摄的北京自然人文景观被制成明信片或被各类介绍中国的书籍收录，传播极广。他的摄影集《北京名胜（Peking）》拍摄于1895年至1906年间，收录北京地区风景名胜照片100幅。

《北京名胜（Peking）》中关于万寿寺的照片仅1张，照片中建筑从左向右依次为乾隆御碑亭、无量寿佛殿和中西合璧门，门内可见光绪御碑亭及万佛阁屋顶（图一）。光绪二十年（1894），为迎接慈禧太后六十大寿，光绪皇帝命内务府重修万寿寺，户部尚书翁同龢奉旨撰写了重修万寿寺碑文，在无量寿佛殿后增建御碑亭一座。光绪御碑亭为重檐八角攒尖顶，黄琉璃瓦屋面，木构架饰以旋子彩画。照片记录了该碑亭兴建后，寺院中路最后两进院落的建筑格局。

图一　乾隆御碑亭、无量寿佛殿及中西合璧门（拍摄位置在乾隆御碑亭东南，由东南向西北拍摄）

二、1900—1910 年拉里贝记录的大延寿殿

1900—1910年间，法国摄影家菲尔曼·拉里贝（Firmin Laribe）在法国驻华公使馆内负责安全保卫工作。工作之余，他拍摄和收集了400余张照片，内容涉及清末中国社会的方方面面。目前这批照片收藏于法国国家图书馆，其中有2张照片记录了20世纪初万寿寺大延寿殿内的场景（图二、图三）。

大延寿殿是万寿寺中的重要建筑，位于中路第二进院落，始建于明代，清代重修。坐北朝南，单檐庑殿顶，琉璃瓦屋面，木构架绘以旋子彩画。室内六字真言井口天花。殿内正中供奉毗卢佛，后供奉三世佛，两侧为十八罗汉。抱厦内有观世音菩萨，殿内有乾隆题楹联。光绪二十年为迎接慈禧太后六十大寿的"万寿庆典"，万寿寺得以重修。照片拍摄的时间距离此次修缮仅有十余年，因此，在拉里贝收录的照片中，万寿寺殿内的塑像修饰一新，庄严肃穆，金碧辉煌。

三、1912 年阿尔伯特·卡恩的"地球档案"

从1908年开始，法国银行家阿尔伯

特·卡恩（Albert Kahn）派遣多位摄影师到世界各地进行拍摄，至1931年共摄制七万两千多张彩色照片和超过一百小时的电影胶卷，记录了20世纪初叶50多个国家

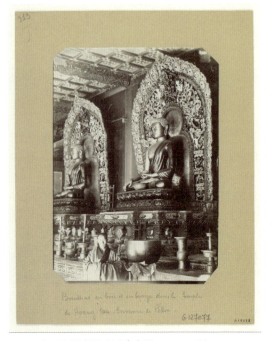

图二　大延寿殿内景（图片来源：https://gallica.bnf.fr。拍摄位置在大延寿殿内）

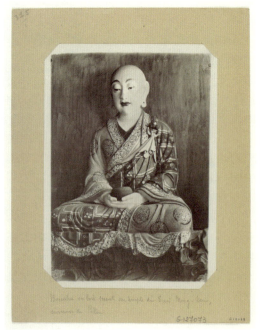

图三　大延寿殿内景：罗汉（图片来源：https://gallica.bnf.fr。拍摄位置在大延寿殿内）

的社会生活。这一系列的照片和影像被称为"地球档案"（Les Archives de la Planète），大部分收藏于法国巴黎阿尔伯特·卡恩博物馆。

这批照片中有9张拍摄于万寿寺中路，其中1张为万寿阁，2张为乾隆御碑亭，1张为无量寿佛殿及光绪御碑亭，5张为万佛阁内景。照片使用了当时非常昂贵的彩色照相技术进行拍摄，是记录万寿寺最早的彩色照片。每张照片均附有说明，记录拍摄时间为1921年。

卡恩的照片同样拍摄了寺院最后两进院中的乾隆御碑亭、无量寿佛殿、光绪御碑亭等（图四、图五）。与山本照片相比，摄影师登上了万佛阁，自北向南俯拍了无量寿佛殿与光绪御碑亭，并拍摄了万佛阁一层的内部结构。

万佛阁位于万寿寺最后一进院落。建筑坐北朝南，面阔七间，二层，单檐硬山顶，木构架绘旋子彩画。据1931年万寿寺寺庙登记记载："万佛阁一层供奉释迦牟尼佛铜像一尊，高九尺；文殊菩萨铜像一尊、普贤菩萨铜像一尊、观音菩萨铜像一尊、地藏菩萨铜像一尊，均高六尺。木质侍者像十一尊，高三尺，状态不一；泥塑十八罗汉一组，高二尺，状态不一。二层供奉五方佛泥像五尊，高六尺；泥质侍者像十一尊，高三尺，状态不一。长寿佛泥像一万尊，高四寸，状态不一，在万佛阁上下依墙壁雕龛供奉。"[②]

因历史原因，万佛阁内佛像已经基本无存。根据档案记载，结合照片中塑像造型及供奉形式，可确认为释迦牟尼、文殊菩萨及罗汉塑像（图六、图七），因此可推断此照片拍摄地为万佛阁一层。5张万佛阁内景照片均为一层，未见万佛阁二层的资料。

除此以外，卡恩照片中还首次记录了万寿阁的影像资料。万寿阁位于万寿寺中路第三进院落，始建于明万历五年，初为藏经阁，至清乾隆年间改称万寿阁，作为皇室祝寿场所。面阔五间，二层，重檐歇

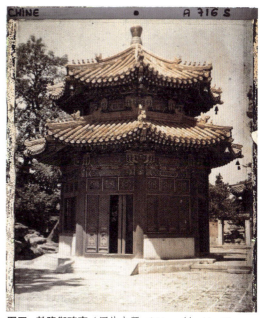

图四　乾隆御碑亭（图片来源：https://collections.albert-kahn.hauts-de-seine.fr/。拍摄位置在乾隆御碑亭东侧，由东向西拍摄）

图五　无量寿佛殿与光绪御碑亭（图片来源：https://collections.albert-kahn.hauts-de-seine.fr/。拍摄位置在万佛阁二层，自北向南拍摄）

山顶。1937年因电路失火，将"万寿阁楼上下殿宇十间，东配房及过道共十间"全部烧毁，损坏"东配殿及第三层院之东西配房共八间"[③]。这幅照片从万寿阁背面由北向南拍摄，记录了1912年万寿阁外观及汉白玉护栏，是目前可见关于万寿阁原貌的珍贵影像资料之一（图八）。

四、1918—1919年作为德奥战俘营的影像记录

第一次世界大战以后，德、奥两国

图六　万佛阁内释迦牟尼及文殊菩萨塑像（图片来源:
https://collections.albert-kahn.hauts-de-seine.
fr/。拍摄位置在万佛阁内一层）

图七　万佛阁内罗汉塑像（图片来源: https://
collections.albert-kahn.hauts-de-seine.fr/。拍摄
位置在万佛阁内一层）

作为战败国，其在华军事人员成为中国
的战俘。在北京地区的战俘被关在西苑和
朗润园两处战俘营里。1918年，西苑俘虏
收容所被迁到万寿寺。1919年中国"俘虏
情报局"编印了影集《中华民国八年俘虏
起居写真集》，收录了战俘生活的照片。
2010年李学通、古为明作《中国德奥战俘
营》一书，对这些影像史料进行了整理和
注释。

　　这批照片中共收录万寿寺"西苑俘虏
收容所"相关照片29张。其中可以明确认
定万寿寺内建筑位置的有6张，分别为山
门、万寿阁西配殿、万寿阁、观音殿（南
侧、北侧各一张）及西路行宫建筑（图
九—图一三）。

　　这些照片中的建筑除万寿阁外，其余
至今保存基本完好。原书中将这些建筑标

注为"行宫"并不准确，事实上这些建筑
均位于万寿寺中路，原本是佛事活动的场
所。而万寿寺西路才是行宫院，建筑格局
和外观与中路有明显不同。由照片中窗框
判断，图一四中的办公室应为西路某殿内
景。由于殿中陈设和隔断如今已经不存，
故暂无法确认具体建筑位置。

五、1936—1940 年赫达·莫里逊拍摄的万寿寺照片

　　赫达·莫里逊（或译为海达·莫里循，
Hedda Morrison），原名Hedda Hammer。

图八　万寿阁（图片来源: https://opendata.hauts-
de-seine.fr。拍摄位置在万寿阁北侧，由北向南拍摄）

图九　设在万寿寺的西苑俘虏收容所（李学通、古为明:
《中国德奥战俘营》，福建教育出版社，2010年，第56
页。拍摄位置在万寿寺山门前，由西南向东北拍摄）

图一〇 西苑俘虏收容所的战俘收到邮件（李学通、古为明：《中国德奥战俘营》，福建教育出版社，2010年，第62页。拍摄位置在万寿阁西配殿前，由北向南拍摄）

图一三 西苑俘虏收容所里的下士（李学通、古为明：《中国德奥战俘营》，福建教育出版社，2010年，第60页。拍摄位置在假山上观音殿后，由北向南拍摄）

图一一 西苑俘虏收容所的桥牌比赛（李学通、古为明：《中国德奥战俘营》，福建教育出版社，2010年，第70页。拍摄位置在万寿阁殿前，由东向西拍摄）

图一四 西苑俘虏收容所中国军官在办公（李学通、古为明：《中国德奥战俘营》，福建教育出版社，2010年，第64—65页。拍摄位置在万寿寺西路某殿内）

图一二 西苑俘虏收容所享受午后阳光的战俘（李学通、古为明：《中国德奥战俘营》，福建教育出版社，2010年，第73页。拍摄位置在假山上观音殿前，由南向北拍摄）

1933年起作为摄影师来到中国，在北京及山东、承德等地拍摄。1991年在澳大利亚去世，根据其遗嘱，将她在1933—1946年间于中国拍摄的一万多张底片和六千幅照片全部捐赠给哈佛大学。哈佛大学燕京图书馆已经将这些照片进行数字化并在网络中公布，每一张照片均附有简单的描述，可以帮助我们确定照片的内容。

这批照片中有30张万寿寺照片，其中21张为万佛阁内景。

赫达所拍照片与卡恩相比数量更多，更详细地展示了万佛阁内部的陈设结构，从远景到局部，记录了万佛阁二层的格局（图一五—图二〇）。照片中可见二层与一层采用了不同的布置。五尊佛像均位于佛龛中，佛龛侧面全部为泥塑小佛。这与民国档案中记载的"长寿佛泥像一万尊，高四寸，状态不一，在万佛阁上下依墙壁雕龛供奉"可以相互印证④。通过照片所示，这些长寿佛泥像相背而坐，佛龛中间并无隔断，补充了档案中没有记载的佛龛细节。由于历史原因，目前万佛阁内佛龛及塑像均已无存，只残存少数长寿佛泥像。这些照片档案可以帮助我们厘清万佛阁二层的历史面貌。

图一五　万佛阁内景：二层佛龛（图片来源：www.
hpcbristol.net。拍摄位置为万佛阁内二层）

图一七　万佛阁内景：佛像（图片来源：www.
hpcbristol.net。拍摄位置为万佛阁内二层）

图一六　万佛阁内景：佛像（图片来源：www.
hpcbristol.net。拍摄位置为万佛阁内二层）

作为商业摄影师，赫达拍摄的照片服
务于旅行社、游客、作家等，主要记录北
京及周边地区的建筑、环境和日常生活。
她擅长拍摄古建园林，将园林艺术和建筑
形式完美结合，给人审美享受。对万寿寺
内光绪御碑亭（图二一）、中西合璧门
（图二二、图二三）、万佛阁（图二四）

图一八　万佛阁内景：佛像（图片来源：www.
hpcbristol.net。拍摄位置为万佛阁内二层）

等建筑的展示也与前人不同，结合各种拍摄角度，体现了中国古典园林建筑中的透视结构，也记录下建筑中的精美细节（图二五、图二六）。

赫达的照片中还保存了曾供奉于万寿寺中的无量寿佛塑像的影像资料（图二七）。据民国时期档案记载："接引殿供奉接引佛铜像一尊，一丈六。"接引佛即西方阿弥陀佛，也称无量寿佛，因此接引殿也称为无量寿佛殿。由于历史原因，这尊佛像现已无存。据记载，殿内原供奉的无量寿佛塑像为漆金铜塑站像，高约

图一九　万佛阁内景：佛像头冠细节（图片来源：www.hpcbristol.net。拍摄位置为万佛阁内二层）

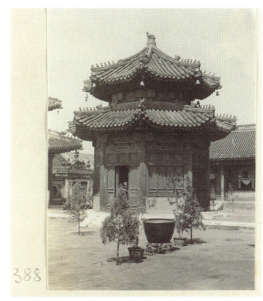

图二一　光绪御碑亭（图片来源：www.hpcbristol.net。拍摄位置为光绪御碑亭东北，由东北向西南拍摄）

图二〇　万佛阁内景：佛龛细节（图片来源：www.hpcbristol.net。拍摄位置为万佛阁内二层）

图二二　中西合璧门（图片来源：www.hpcbristol.net。拍摄位置为万佛阁二层，由北向南拍摄）

图二三 中西合璧门（图片来源：www.hpcbristol.net。拍摄位置为中西合璧门南侧，由南向北拍摄）

图二四 万佛阁（图片来源：www.hpcbristol.net。拍摄位置为万佛阁东南侧，由南向北拍摄）

图二五 光绪御碑亭屋顶局部（图片来源：www.hpcbristol.net。拍摄位置为万佛阁二层，由内向外拍摄）

五米。赫达档案中对于这张照片的描述为："Temple interior showing giant statue of Buddha at Wan shou si"，即"万寿寺内展示的巨型佛像"。从佛像站姿和拍摄角度，结合对于造像高度的描述，可以推断照片中的佛像即为无量寿佛塑像。

六、1937 年宋致泉拍摄万寿阁被烧毁的新闻照片

随着摄影技术的普及和印刷术的发展，摄影作品开始应用于报刊媒介。新闻摄影也为后人提供了古建筑变迁的影像记录。

1936年，因崇外东大地戒除所地址不敷用，北平市政府决定在西直门外万寿寺成立一处烈性毒品戒除分所[⑤]。1936年11月6日，"北平市立第二烈性毒品戒除所"在万寿寺成立并开始办公[⑥]。至1937年，万寿寺戒毒所收容戒毒人员五百余人[⑦]。

1937年4月27日，万寿寺戒毒所忽起大火。据《益世报》记载，当时政府为整顿市容，令警察局逮捕乞丐二百余人，也送至万寿寺戒毒所内暂时安置。因此戒毒所原本占用万寿阁一层房屋不够，便将万寿阁二层打扫整顿，安装电灯，以收容乞丐。4月27日夜间，万寿阁楼上新安装的电线起火，将万寿阁的木结构建筑引燃，继而发生火灾，至4月29日上午方才熄灭。本次火灾将"万寿阁楼上下殿宇十间，东配房及过道共十间"全部烧毁，损坏"东配殿及第三层院之东西配房共八间"，建筑损失约五万余元[⑧]。

此次火灾在当时反响很大，引起众多刊物报道。《北洋画报》1937年5月1日刊

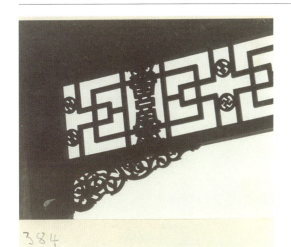

图二六 万佛阁局部（图片来源：www.hpcbristol.net。拍摄位置为万佛阁二层，由内向外拍摄）

图二七 无量寿佛塑像（图片来源：www.hpcbristol.net。拍摄位置为无量寿佛殿内）

登了火场照片（图二八）。从照片中看，摄影师以从南面北方向拍摄，图左上方建筑为大禅堂，图中下部火场为万寿阁原址。摄影师宋致泉是民国时期著名的摄影家，在《图画时报》《北洋画报》等刊物中发表过大量摄影作品。卢沟桥事变后，与范长江等人一同担任上海《大公报》战地特派员，是中国最早的战地记者之一。

七、结语

自20世纪80年代北京艺术博物馆在万寿寺成立以来，针对万寿寺及其古建筑群的沿革研究不断深入，2006年及2017年相

图二八 宋致泉摄北平万寿寺火场鸟瞰图（《北洋画报》1937年5月1日第2版）

继出版了《北京长河史万寿寺史》《万寿寺史料汇编》等研究成果，对明清以来的历史档案、笔记诗词等史料进行了详尽的整理研究，梳理出了万寿寺历史沿革的脉络。本文以已有研究成果为基础，收集晚清至民国时期万寿寺相关影像资料，从老照片中探究已经消失无存的万寿阁、无量寿佛塑像和万佛阁内景，与文字史料相互印证，丰富万寿寺历史研究的成果。

摄影术作为一种技术和媒介，随着中国社会近代化的进程而得到普及和推广。自19世纪中叶以来，影像资料成为新型的文献载体，为历史研究提供别样的视角。与文字资料相比，影像资料直观具体，客观地反映了历史事实，在保留时代氛围场景和历史细节方面具有文献史料无法替代的优势。除了文中所述几位摄影家的作品，在这一时期还有喜仁龙《北京的城墙与城门》《中国北京皇城写真全图》、小川真一的《清国北京皇城写真帖》、佩克哈默的《北京美观》等。这些影像资料详尽地反映了19世纪末至20世纪初北京的政治、经济、文化等各个方面，是了解和研究北京史的重要依据。近年来，世界各大博物馆、图书馆对馆藏影像资料进行数字化，影像资料出版物和数据库资源日渐丰富，值得研究者给予更多关注和深入挖掘。

①吴群：《中国摄影发展历程》，新华出版社，1986年。

②④《民国二十年万寿寺寺庙登记》，北京市档案局J002-008-00333，转引自张树伟：《万寿寺史料汇编》，北京联合出版公司，2017年，第379页。

③⑦⑧《平戒毒所大火详志》，《益世报（天津）》1937年4月30日第五版。

⑤《北京市公安局关于各区署查获毒犯的训令》，北京档案馆J183-002-08071，转引自张树伟：《万寿寺史料汇编》，北京联合出版公司，2017年，第386页。

⑥《万寿寺戒毒所定期正式开幕》，《益世报（天津）》1936年11月1日第四版；《万寿寺戒毒所昨日正式成立》，《益世报（天津）》1936年11月7日第八版。

（作者单位：北京艺术博物馆）

鼓楼西大街35号院考古工作简报

北京市文物研究所

2017年8月，北京市西城区鼓楼西大街35号院准备进行房屋翻修，房主主动上报并申请进行文物勘测。此项目坐落在旧鼓楼大街和鼓楼西大街交会点的西北角（图一），为南北长、东西窄的长方形院落，南北长110.6～128.8米，东西宽52.6～78.2米，总面积844.54平方米。东距鼓楼约200米，其东、北、西三面均为民宅。

北京市文物研究所于2017年9月5日至8日对西城区鼓楼西大街35号院进行了考古勘探。之后根据勘探的结果，于2017年9月23日至24日进行了发掘。

一、考古勘探情况

因为地面堆满建筑垃圾，还有拆除房屋后留下的硬化地面，探铲无法勘探。房主并不打算外运渣土，所以必须在有限的范围内倒土作业，能够操作的面积十分有限。经研究决定，开探沟进行勘探。为了取得最大的勘探面积，在南北方向纵向开一条南北长20米、东西宽2米的探沟（图二）。

根据探沟剖面的土质土色，该探区内的地层堆

积自上而下可分为六层（图三—图五）：

第①层为现代垫土层，深0.75～1.25米，内含大量的建筑垃圾及渣土。

第②层为近代土层，深0.75～1.6米，厚0.25～0.9米，浅褐色土层，土质较松，内含青砖碎块、瓦片、炭灰、白灰点等。

第③层为清代土层，深1.4～2.2米，厚0.25～0.9米，灰色土层，土质较松，内含青砖碎块，夹杂着清代青花瓷片。

第④层为明代土层，深1.9～3米，厚0.2～1.8米，深灰色土层，土质较松，内含红陶残片、青砖碎块、红烧土块等，夹杂着元代和明代瓷片。

第⑤层为元代文化层，深2.4～3.2米，青灰色土层，土质较硬，内含少量礓石和元代瓷片。

第⑥层为生土层，深至3.2米以下，浅黄色土层，土质纯净，较硬。

图一 考古工作位置

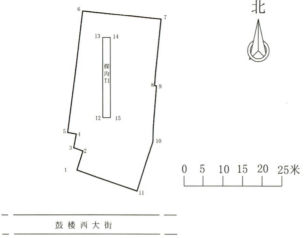

北

0 5   10 15 20 25米

鼓 楼 西 大 街

图二　勘探平面图

共发现10处灰坑遗迹，其中第①层下有4处，H1~H4，第②层下有3处，H5~H7，第③层下有2处，H8~H9，第④层下有1处，H10。

H1：位于探沟北端，北部伸出探沟壁外，在探沟内南北长2.2米，深2.9米，斜壁弧底，填土可分三层，①层厚0.6~0.9米，红褐色土，土质较松，内含青砖碎块、瓦片、白灰等；②层厚0.3米，灰色夹杂红褐色杂土，内含瓦片、礓石等；③层厚约2米，内填灰褐色土，土质较松，内含青砖碎块、卵石块等。

H2：位于探沟中部，打破H3、H4，南北长1.5米，深0.6米，大口平底，内填灰色土，土质较松，内含青砖碎块、瓦片、白灰等。

H3：位于探沟中部，被H2打破并打破H4，南北长0.25米，深0.3米，直壁平底，内填灰褐色土，土质较松，内含青砖碎块、瓦片等。

H4：位于探沟中部，南部被H2、H3打破，南北长1.65米，深1.4米，口

小底大，内填浅灰色土，土质较松，内含青砖碎块、瓦片等。

H5：位于探沟北部，向下打破H10，南北长1.35米，深0.7米，口大底小，内填灰褐色土，土质较松，内含大量青砖碎块、瓦片等。

H6：位于探沟北部，打破H8、H10，南北长1.35米，深1.75米，口大底小，斜壁平底，填土可分三层，①层厚约1米，灰褐色土，土质较松，内含大量青砖碎块、瓦片等；②层厚约0.8米，红褐色土，土质稍硬，内含少量青砖碎块及瓦片；③层厚约0.5米，黄褐色土，土质较松，内含少量瓦片、青花瓷片等。

H7：位于探沟内南部，南北长0.55米，深0.65米，直壁弧底，内填灰褐色土，土质较松，内含大量青砖碎块、瓦片等。

H8：位于探沟中部，北部被H6打破，南部打破H9，南北长0.8米，深0.8米，口小腹大，底不平，内填青灰色土，土质较松，内含大量青砖碎块、瓦片，还有少量钧窑瓷片等。

H9：位于探沟中部，北部被H8打破，

图三　探沟西壁北段剖面

图四　探沟西壁南段剖面

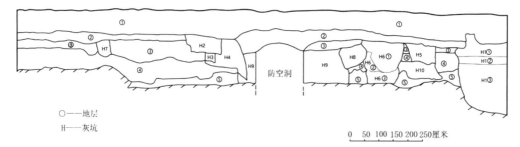

○——地层
H——灰坑

0 50 100 150 200 250厘米

图五 探沟西壁剖面图

中部被防空洞打破，南部被H4打破，南北长5.3米，深1.3米，直壁平底，内填红褐色土，土质较松，内含大量青砖碎块、瓦片、红砖块、钧窑瓷片等。

H10：位于探沟北部，被H5、H6打破，南北长1.5米，深0.4～0.65米，斜壁，底不平，内填灰褐色土，土质较松，内含大量青砖碎块、瓦片及少量钧窑瓷片等。

H8、H9、H10内都交杂着元代钧瓷，我们认为有必要进行考古发掘，以了解这个地点的文化层情况。

二、考古发掘情况

在勘探阶段，位于工作区域内中、北部的H8、H9、H10的西壁上都采集到元代钧瓷，所以我们决定在靠近北部进行布方。探方规格为6米×5米，其中东、北隔梁各占1米，实际发掘面积5米×4米（图六一图八）。

（一）地层堆积

探方内地层可分九层（图九）：

第①层为现代垫土层，堆积呈水平层状，较为平坦，分布于全探方。厚0.2米，黄褐色，土质僵硬，内含大量现代白灰渣等。

第②层为现代垫土层，堆积较为平坦，分布于全探方。深0.2米，厚0.35～0.55米，灰褐色，土质较松，夹杂较多白灰颗粒、现代房基、青砖块。

第③层为近代堆积，略呈缓坡状，东高西低，分布于全探方。深0.7～0.75

米，厚0.35～0.75米，土色浅褐，土质硬，结构密实，内含青砖块、白灰渣、瓦片等。

第④层为清代堆积，较为平缓，分布于探方的北半部分。深0.95～1.55米，厚0.1～0.6米，土色浅灰，土质结构致密，内含青砖块、白灰渣、瓦片及少量青花瓷残片。

第⑤层为明代堆积，北高南低略呈缓坡状，分布于全探方。深1.5～2.1米，厚0.1～0.3米，土色黄褐，土质结构致密，内含青砖块、白灰渣、瓦片、少量青花和黑釉瓷片、铸范芯等。

第⑥层为元代堆积，层状，分布于全探方。深1.6～2.1米，厚0.1～0.45米，土色浅灰，土质较松，内含青砖块、草木灰、红烧土等。出土黑釉、白釉、青釉残瓷片、灰陶残片、压风石等。

第⑦层为元代堆积，层状，分布于全探方。深2～2.15米，厚0.05～0.35米，

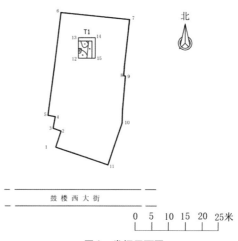

图六 发掘平面图

图七 探方北壁剖面

图八 探方西壁剖面

土色灰黄，土质较松，内含青砖块、草木灰、红烧土、酱釉粗瓷残片及白釉、青釉残瓷片等。

第⑧层为元代堆积，层状，分布于全探方。深2.1～2.15米，厚0.15～0.6米，土色深灰，土质结构疏松，内含草木灰等。出土黑釉、青釉、豆绿釉残瓷片。

第⑨层为元代堆积，层状，分布在探方的北半部分。深2.4～2.8米，厚0.25～0.75米，土色灰褐，土质结构致密，内含青砖块、草木灰、灰陶残片及白釉、青釉残瓷片，白釉碗底带"田""万""张""顺"等字。该层下为黄褐色生土层。

（二）灰坑

H1，平面呈不规则形，开口于④层下，向下打破⑤、⑥、⑦、⑧、⑨层，开口距地表深1.45米。北部伸出探方壁外，在探方内南北长1.9米，东西宽1.6～1.9米（图一〇）。坑底距开口深0.8米，壁较直，平底，内填黄褐色杂土，土质较松，内含大量青砖块、红烧土、瓦片、灰陶盆残口沿及黑釉、青釉瓷碗残片。

H2，平面呈不规则形，开口于④层下，向下打破⑤、⑥、⑦、⑧层，开口距地表深1.4米。西、南部均伸出探方壁外，在探方内南北长2.6米，东西宽2.56米。坑底距开口深0.7米，斜壁底较平，内填黄褐色杂土，土质较松，内含白灰渣、瓦片及白釉、青釉、酱釉残瓷片等。

H3，平面近似长方形，开口于⑦层下，向下打破⑧、⑨层至生土层，开口距地表深2.2米。西部伸出探方壁外，在探方内南北长1.5米，东西宽0.6～0.8米

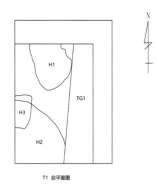

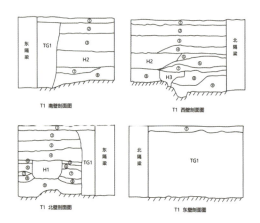

图九 探方平、剖面组合图

（图一一）。坑底距开口深0.4～0.6米，壁较直，底不平，内填灰褐色杂土，土质较松，内含红烧土块、黑釉、青釉残瓷片。

（三）出土器物

在这个发掘区域的元代地层和灰坑中都出土了不少元代瓷片，分属钧窑、磁州窑、龙泉窑和景德镇的卵白釉瓷。拼对器型多属于碗、盘等生活用具。

1. 蓝釉碗

GX8：1，口微敛，直径22厘米，通高11.5厘米，碗壁微弧，圈足外径6.8厘米，足墙厚1厘米，高1厘米，足底有刮旋形成的弦纹，中间有乳突。胎色偏暗红，质地粗糙、坚硬。釉色灰蓝，碗内满釉，碗外侧施釉至圈足上端，一侧积釉成珠，直径0.8厘米，碗沿釉色发黑，内外均有褐斑，釉面有棕眼，碗内釉色偏灰，釉色较均匀。外侧釉色偏蓝（图一二）。

2. 黑釉碗

GX8：2，敞口圆唇，口径15.6厘米，

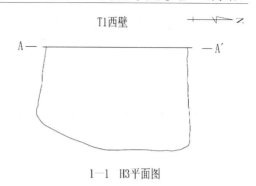

T1西壁

1—1　H3平面图

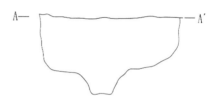

1—2　H3南北剖面图

图一一　探方内H3平、剖面图

斜直壁，通高5厘米。黑釉在碗内侧施至碗底平折部位，留有涩圈；涩圈外径7厘米，中间釉心4厘米，底面较平。裸足，圈足外径4.3厘米，足墙厚0.7厘米，内高0.45厘米，外高0.6厘米，整个足心下凹。碗壁外侧接近圈足部位斜折内收，施釉至接近斜折部位，边线不整齐。胎色灰暗，质地疏松，质感粗糙（图一三）。

3. 卵白釉碗

GX8：3，敞口弧壁圈足，口径19厘米，通高6.2厘米，底中心厚1.7厘米，圈足底部未施釉，圈足外径6.2厘米，足墙宽0.9厘米，高0.8厘米，呈火石红色，足墙外侧1/3处斜向刮削。碗内模印卷云纹，外侧上部四重线刻流云纹，腹下部四重线刻莲瓣纹。釉色白中泛青，施釉至圈足上端。胎色灰白，较细腻，砂眼较少（图一四）。

4. 青釉碗

GX8：4，敞口圆唇矮壁大圈足。口径15.5厘米，通高4厘米，碗内涩圈外径5.5厘米，釉心直径3厘米，碗底中心厚度1.1厘米。圈足外径9.4厘米，内径8.4厘米，足墙高1.1厘米。青釉，内外壁均布冰裂

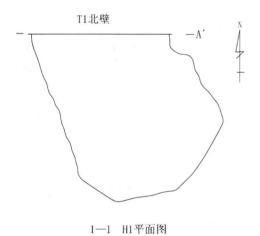

T1北壁

1—1　H1平面图

1—2　H1东西剖面图

图一〇　探方内H1平、剖面图

图一二 蓝釉碗

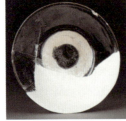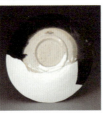

图一三 黑釉碗

纹。圈足着釉，外侧底部涩圈直径6.5厘米。胎色微黄，胎质细腻坚硬，周边有火石红（图一五）。

5.带字白瓷片

发掘中还出土了一些带字的白瓷片，均出自第⑨层的地层中。

GX9：1，白釉碗底，内侧有棕色釉下手书"石"字。胎质洁白粗糙坚硬，有裂纹。碗外侧施釉至碗下部，圈足裸露，碗底和圈足底有刮削痕（图一六）。

GX9：2，形制与GX9：1相似，碗内底釉下手书"田"字（图一七）。

GX9：3，白釉敞口圆唇斜直壁碗。内底有涩圈，外侧施釉至碗下部，圈足裸露，底部和圈足下遗留刮削痕。外侧碗底墨书"顺"字（图一八）。

三、结语

（一）遗址的性质

2017年9月在鼓楼西大街的考古工作非常受限，实际发掘面积仅20平方米，很难看清整个工作区域的地层全貌，管窥一豹，只能从现有发掘资料中厘清遗址的性质。

遗址的地层共有九层，元代地层从第⑥层至第⑨层共四层，直接坐落于生土上，其厚度占全部地层厚度的四分之一。遗址没有出土完整器，只有数量不小的瓷片，而且主要是出自中、下层位的元代或元代以前的瓷片，分属于钧窑、磁州窑、龙泉窑、景德镇枢府窑、定窑等，均为元代有代表性的瓷窑产品。产品类型比较单一，都是日常生活

图一四 卵白釉瓷碗

图一五 青釉碗

图一六　"石"字白瓷片

图一七　"田"字白瓷片

图一八　"顺"字白瓷片

瓷器，以碗、盆为主。能够复原的几件器物出土于第⑧层的地层中。

从考古实践中可知，一般地层中不会出土大量大块瓷片，这些瓷片应该出自灰坑。从探沟和探方的剖面看，工作地点地层比较复杂，有多方位多层次的打破关系。这些瓷片很可能出自元代长时间、反复使用的灰坑，又被后代的地层所叠压。灰坑的直径大于探方的宽度，所以在探方内观察，似为地层，实为较大的灰坑。

综上所述，这个发掘地点在元代有不同时间段几次堆积形成的灰坑，叠压其上的明代地层很薄，之后明末清初的一个较深的灰坑打破了其下的地层和灰坑，清代以后这里形成了一层层的垫土层。

（二）位居元大都市中心

鼓楼西大街35号院，在元代时地处凤池坊南部，位于元大都的中心齐政楼的西侧。齐政楼即元代的鼓楼，周边有很多商业店铺。《析津志》中有所记载[①]：

齐政楼　都城之丽谯也。东，中心阁。大街东去即都府治所。南，海子桥、澄清闸。西，斜街过凤池坊。北，钟楼。此楼正居都城之中。楼下三门。楼之东南转角街市，俱是针铺。西斜街临海子，率多歌台酒馆。有望湖亭，昔日皆贵官游赏之地。楼之左右，具有果木、饼面、柴炭、器用之属。齐政者，书璇玑玉衡，以齐七政之义。上有壶漏鼓角。俯瞰城堭，宫墙在望，宜有禁。

可见元代时，鼓楼西大街35号所在的斜街有很多歌台和酒馆，是游玩的好去处，是个热闹的地方，是元大都的市中心。

通过这次发掘，我们认为鼓楼地区是元明清三代市肆集中地，是市民活动的中心、人流密集的地方，应该有比较丰富的文化埋藏、比较复杂的地层关系，需谨慎动土，及时跟进考古和文物保护工作。

执笔：王继红　王宇新

①[元]熊梦祥：《析津志辑佚》，北京古籍出版社，1983年，第108页。

试论解剖性考古发掘的意义

于 璞 杨 菊

从埋藏学的视角分析，遗址或墓葬是在一定的空间范围内，由人类活动和包括动植物在内的各种自然力作用下形成的堆积。这种堆积之间的关系需要通过考古发掘来搞清楚。在考古发掘之前，遗址或墓葬内的堆积情况是相对静态的，然而，这种看似静态的堆积无疑是很长时间内各种"力"作用的结果，反映了一种动态的变化。因此，搞清楚其堆积的关系，也就搞清楚了其埋藏过程。现阶段，考古发掘中各种科技方法不断介入，获取了更多的信息，但探方发掘法还是最主要的发掘方法，科技检测或其他辅助手段都以此为依托。

本文将对探方发掘方法进行反思，并结合近年来学者提出对各类单个遗迹进行解剖性发掘清理的基础上，论证对整个遗址进行解剖性发掘的必要性及可行性。

一、中国探方发掘法的由来

19世纪晚期到20世纪早期，西方学者在中国进行调查和试掘时[①]，并没有注意地层问题。此后，拥有地质学背景的安特生非常关注地层，注意地层的叠压关系，在发掘沙锅屯和仰韶村的时候，安特生对地层叠压关系作了大量工作[②]。1921年在沙锅屯的发掘中，安特生注意到了炭屑散布而引起的土色变化，将洞穴分为六层，并注意到了各层出土物的不同。同年在仰韶村的发掘中，安特生首次引入了探沟法。他开掘了探沟，将文化堆积分为多个地层。由于安特生采

用的是水平层位发掘方法，没有注意到文化堆积的不平行性和复杂性，特别是遗迹之间的打破关系，因此其"所划定的层位及标本的层位记录只具有相对的价值"[③]。安特生在仰韶村的发掘，虽然注意到了埋藏的深浅并以此来记录土色和出土陶器的类别，确实很细致[④]，但仰韶村遗址地层确实很复杂，难以从地层上区分[⑤]。因此出土物的关系比较混乱，需要与其他遗址比较才能分清[⑥]。

安特生所采用的探沟发掘，重视出土遗物的地层，虽然实践效果并不理想，但其目的却很明确，就是要通过对地层的分析来探究遗迹遗物的地层关系，这也是之后探方发掘法的学术目的所在。因此，可以认为安特生在仰韶村的发掘是探方发掘法的先声。

中国境内第一次采用探方法进行发掘的是中美联合考古的西阴村遗址。1926年清华学校国学研究院的李济对山西省夏县西阴村遗址进行发掘。西阴村是一处单纯的仰韶文化遗址，不像仰韶村遗址跨越很长的时间。李济的工作非常细致，他把发掘部分划成2米见方的探方，严格地按照三向坐标进行发掘、分层和采集遗物。这是在我国田野考古中第一次采用探方发掘的方法，标志着田野考古工作向科学化方面迈进了重要的一步。他虽然注意到了实际土层的变化，却仍然按水平深度采集标本，所幸遗址地层比较单纯，陶片十分丰富，从而使人们对于仰韶文化基本特征的认识提高了一步[⑦]。西方考古学中的探方法，要论成熟起来还是在几年以后，运用

于1936年惠勒对梅登堡的发掘⑧。

1931年开始，我国近代考古学的奠基人梁思永主持发掘了河南安阳高楼庄后岗遗址，发现了著名的后岗三叠层，即商文化层、龙山文化层及仰韶文化层。第一次通过考古发掘的地层关系断定了几个文化之间的早晚关系。遗址下层是以红陶和少量彩陶为代表的仰韶文化遗存，中层是以黑陶和篮纹陶为代表的龙山文化遗存，上层是以灰陶和绳纹陶为代表的商代晚期文化遗存，因为在安阳小屯首先被确定，所以又称为小屯文化。由于这一发现及之后的一系列发现，我国的一些考古学者开始认识到仰韶文化和龙山文化应该明确地加以区分⑨。在后岗遗址的发掘中，梁思永在剖面中"归纳出有规律的人类文化埋藏情况"⑩。这是通过考古发掘中的地层剖面发掘来确认遗存相对年代的重要实践，解决了重大学术问题。

1933年，在殷墟第一次采取"平翻"政策，即不是探沟而是在一定范围的整个揭露（这是中国考古学史上第一次大面积的揭露）⑪。所谓大面积揭露，即在发掘的过程中，各探方保持统一的进度，利于观察地层的变化；当一个探方可以观察到出现一个自然层面时，该探方暂时停止发掘，等其他探方也发掘到这一自然层面后，再统一观察遗物的统一布局并判断是否有遗迹现象⑫。此后，随着城子崖的发掘及殷墟的进一步发掘，中国考古学者在发掘方法上已经有了很大进步，形成了今天考古发掘中的抽样发掘、探沟发掘、块状区域发掘及方格系统发掘⑬。

中华人民共和国成立之初，中国全面学习苏联建设经验，在考古研究方面就是学习和借鉴大面积发掘方法。20世纪50年代发掘半坡遗址的目的就是要发掘出母系氏族公社的村落。对半坡遗址的发掘就是采用了探方发掘法，不仅揭露出了房址、墓地、环壕等比较完整的聚落，而且在此基础上修建了遗址博物馆，应该是一次聚落考古的早期实践⑭。

在探方发掘方面，先后采用了2米×2米、5米×5米、4米×4米、5米×4米、10×10米等布方方法，并逐渐稳定在了两类尺寸上：在发掘地层较厚、堆积复杂的遗址或规模较小的遗址时，采用5米×5米布方；而在发掘地层堆积较单纯、规模较大的遗址时，采用10米×10米布方。此外，对留隔梁和关键柱也进行了探索⑮。在采用探方法发掘时，需要把探方四个剖面和探方底部相结合来观察，形成立体的感觉，明确遗迹及地层的走向⑯。

这一阶段主要是对遗址内堆积及相互关系的分析，在考古发掘方法上还是以探方发掘法为主，并没有随着对遗址内埋藏堆积的深入认识而整体性调整发掘策略。

二、探方发掘法的优缺点

探方发掘法能在中国考古界中应用多年，也说明了其适用于中国考古发掘的现实。探方发掘法的优点，是它最适合于发掘一整片的遗址。这种发掘方法开挖的面积较大，观察、发掘和记录都比较方便；掘向深处时，可保持足够的光线，易于工作；如果要中途扩大发掘范围，仍可利用原有的控制点、控制线及坑位编号，系统而不乱，这种方法在发掘过程中还能保留充分的剖面以供参考，而且移土方便，避免越过大面积的已发掘的揭露面；也不必越过探沟和堆土⑰。

探方法也有明显的缺点。其最大的问题就是在发掘中对于地层堆积相对复杂的遗迹很难在同一遗址中统一地层，遑论其遗迹单位的归类了。就现状而言，很多情况下，发掘中对经验要求较高，而难以避免在挖掘完晚期地层后，其土质土色变化不大时，可能将早期地层中的遗物或遗迹归入晚期地层。同时，用探方法发掘，其四壁剖面并不能完全反映探方中的所有堆积情况。严文明先生指出："一般地层形成的时间较长，界线的判断不易准确。有时在探方剖面上划准了，不等于全探方处处都十分准确。"[18]这也是许多考古专业的学生开始实习时最为困惑的问题，甚至在实习之后对考古学的科学性产生了疑问。如何进一步使考古发掘的科学性提高，并使之更有说服力，这是一个亟待解决的问题。

三、解剖性发掘方法的探索

为了能准确地了解遗址的堆积情况，国内外学者采取了不同的发掘策略。宾福德主张进行"分段发掘（phase excavation）"，即把发掘分为几步进行，先发掘一层，然后根据这一层的发掘结果再决定下一层如何进行。这样可以避免盲目性造成的失误，对于埋藏情况复杂的遗址尤其适合[19]。这种发掘方法较为谨慎，考虑到了地层堆积的复杂性。但因没有对整个遗址的地层了解透彻，在发掘中必然会出现很多问题。

法国田野考古经历了从采用探方发掘法为主，到采用"全面揭露"发掘方法的转变。整个发掘区无论面积大小，皆不再布设探方网格，不留隔梁与关键柱，统一按照可判断先后顺序的地层单位（Stratigraphic Unit）依次进行发掘，旨在尽可能完整地揭露出每一个较大的层面。发掘区四壁可作为控制地层堆积早晚次序的剖面，也可根据实际需要随时在发掘区之内留取判断地层关系的剖面。待具体问题解决，再打掉所留临时剖面，继续整体向下推进[20]。

日本考古发掘中常见"横向平推"发掘法。与传统的自上而下、逐层纵向发掘不同的是，"横向平推"法在发掘区内工作时，先在一边开一个宽1～2米的"探沟"，按照普通探沟的发掘方法进行，直至生土层。再以一侧探沟地层堆积剖面向未发掘区推进，即遗址展现的总是纵剖面，等于是给遗址做了"CT"扫描。这种方法的好处在于任何遗物、遗迹的空间位置都非常清晰，再小的地层、遗迹单位都

会"挂壁"，也不会出现"挖过"的现象。如果遇到需要保留的单位也可以随时改为传统的纵向发掘法，能真正做到平剖面结合[21]。除此而外，还有横向法，或叫水平揭露法，即在整个发掘区内逐层由晚到早全面揭露，还有纵向法，或曰垂直揭露法，把整个发掘区划分为若干小区，先在一个小区内由表层发掘到生土，然后照此发掘临近小区[22]。后一种方法与解剖式发掘较为相似。

严文明先生在德国考察时见到一种如同国际象棋式的发掘方法。这种发掘方法中没有探方，用全站仪控制，遇到遗迹就画小方格子，每格大约是半米见方。然后用国际象棋的方法发掘，即挖一格空一格，根本不按照遗迹的形状找边。这样一半的遗迹都被挖掉了。这种方法是为了看到遗迹的剖面，而挖掉的部分可以复原[23]。台湾"中央研究院"历史语言研究所也采用了类似的发掘方法，即在发掘区内布边长2～3米的小方格，不留隔梁，只发掘其中呈对角线分布的探方。在保证探方间地层直接相连接的同时也保留了一半完好的区域，可再根据实际需要选择是否继续发掘[24]。

上述域外的各种发掘方法是考古学家在发掘实践中的探索，均体现出发掘者对考古发掘过程中地层剖面的重视。

反观中国考古学领域，从中国早期的考古发掘伊始，探方发掘方法及探沟法之所以逐渐得到广泛应用，是因为中国学者注意到了埋藏的复杂性。当前在对埋藏的复杂性有了较充分认识的基础上，有必要对探方发掘方法予以反思，并使之更为科学化与合理化。

对于探方发掘法的改进，中国学者在20世纪80至90年代已经有了思考，并提出了一些有效的策略。石兴邦先生提出了在探方中挖小坑的策略。即为了避免整个打破某一地层的底部，最好在一方中划出每边约1米的控制发掘坑，先行下掘一薄层，以求了解地下的地层情况。在未揭井

以前，地下的地层变化如何是难于预料的。由侧壁的剖面上容易看出地层，而由上而下的发掘是较难判断是否已到了一层的底部。如果利用这控制小坑先行向下发掘，万一错误地打破了底层，损坏的范围较小，不像整个探方和探沟都向下一起发掘那样损坏范围大，不易补救。这控制小坑要由熟练工人来掘，有时记录员要亲自动手，至少要在旁边仔细观察。将控制小坑了解清楚后，便从这小坑的壁侧向外扩张，将整个探坑都掘到一样深度或到同一文化层底部。然后再向下挖一控制小坑。如此顺序下掘，一直达到原生土为止。最后打掉隔梁，整个发掘地区便都揭露出来了[25]。严文明先生则提出了在面对文化层厚、堆积复杂的遗址时，采用探沟法进行试掘或者在探方内先开探沟，然后扩大到整个探方[26]。以上两位先生的发掘策略的确有非常大的进步性。但在解剖式发掘思想和方法未深入人心之前，这些提法并没有大范围采用。

钱耀鹏先生对解剖性发掘的具体实践事例进行了分析，认为其在发掘墓葬、灰坑和灶址等单个遗迹单位的时候，能够获得堆积证据，有助于判断各类遗迹的营建、使用、废弃和埋藏过程，甚至有助于判断相互间的共时性与序时性关系，从而为分析聚落内部各类遗迹的空间组合关系及功能区划等提供比较可靠的基础资料[27]。在对甘肃磨沟齐家文化墓地进行发掘过程中，广泛采用了解剖性发掘的方法，分析出了墓葬的营建和使用的先后过程[28]。这是以单个遗迹单位为对象的解剖性发掘。而探方发掘法是以整个或一部分遗址为对象的发掘方法，因此所面对的不止一个或一类遗迹单位。就单个遗址而言，其包含了地层、单个遗迹，所以其形成过程也具有先后性，是否也采用解剖性发掘法呢？

1998年西北大学在重庆万州中坝子遗址的发掘中被动使用了解剖法。该遗址的土质土色很难分辨，于是发掘者在多个探方内划定1.5米宽的范围下挖一定深度，划出了各层的界限，了解了解剖区域的堆积特点和层次后，再对探方内其余范围逐层清理[29]。显然，"破坏性解剖似乎还可扩展到探方的发掘清理"[30]，这是石兴邦先生、严文明先生都曾设想过的。万州中坝子发掘中解剖法的使用虽然带有被动性，但该方法在探方发掘中的作用却非常明显，值得进一步思考。

四、解剖性发掘的可行性

所谓解剖性清理，就是对遗迹内的堆积采取分阶段解剖式的发掘清理。这种发掘方法，在田野考古实践中较早采用[31]。但解剖性清理并未扩展到对整个遗址的发掘方面。无论是单个的遗迹还是整个遗址，都有一个埋藏的过程。既然解剖性发掘使用在单个遗迹上是为了了解其堆积过程，那么这种方法可否应用到对整个遗址的发掘中呢？

鉴于重庆万州中坝子在探方发掘中解剖法的使用，结合石兴邦先生、严文明先生的设想，这里，我们提出将解剖性发掘应用到探方发掘方法之中。具体操作方法如下：

先发掘一条或几条探沟，然后采取翻页的方式，以遗址内部或全部地层及单位逐层清理。通过挖掘探沟将地层确认以后，可以先发掘第①层，再发掘第②层，依次从晚到早逐层清理。这种方法与翻开书页相似，暂且称为"书页法"。这种发掘的缺点是要先挖掘较长的探沟，由于探沟可能贯穿整个遗址，因此可能在挖掘探沟时破坏一定的信息。由于一次性发掘面积较大，所以发掘者在较长时间内所面临的土质土色相对一致，有利于增加资料的准确性。另外，这种发掘方法有利于加快发掘进度。传统的发掘中，由于人力、物力、精力制约，不可能同时进行较多探方的发掘，而且各个探方的遗迹现象有复杂与简单之别，因此各个探方难以同步下挖。而"书页法"则可克服这些遗憾，其从一端开始挖掘，遗迹现象简单的地方可以较快进行，复杂的区域则进行较多工作，且可以保证各个探方整体的进度一致。同时，可在清理完一层后，进行整体照相、绘图，使用探方方式进行记录，使资料更多地保留。

这种方法显然与传统的发掘方法逆向进行。传统的方法是先进行探方发掘，在发掘中注意地层变化，发掘完成后再在整个遗址中统一地层。而这种发掘法是先通过破坏性的解剖了解整个遗址的堆积情况，也就是整个遗址的地层情况，再逐层清理。这种方法有利于聚落考古的进行。赵辉先生对聚落考古中的地面及其清理提出了自己的看法，指出田野考古按目的可以分为编年的和聚落的两种，针对前一个目的发展起来的考古地层学称为传统地层学。这种田野工作通常不必进行很大面积的发掘，工作的关键是把发掘区内各遗址或地层单位区别开来。但随着学科的发展，考古学研究逐渐转移到以聚落为单位的人的行为内容和过程方面来了。在具体的地面清理中需要尽量大的发掘面积乃至全面揭露遗址，始终保持发掘区各部分清理工作进度一致，之后对地面进行清理㉜。近些年来，"地面"问题被多次提及，但多停留在理论层面。如果要把"地面"的理论付诸实践，则需要更为有效的发掘方法。

然而，在现阶段，应该将解剖法与探方发掘法结合起来。按照传统的方法进行布方，然后在发掘单个探方时，将整个探方看作是一个堆积的集合体，在靠近某一剖面的地方使用解剖式方法下挖，了解探方中地层情况，然后像翻书似的一层层揭露。以往的探方发掘强调的是平面和剖面相结合的方法，然而这种发掘方法存在明显的缺陷，那就是在没有完整了解整个探方地层堆积的情况下下挖。当某一层在探方四壁上完全显露出来的时候，也往往是这一层在整个探方中被挖完的时候。另外，所谓逐层下挖，也存在一定的问题。

如果两层之间的界限不是非常明显的情况下，往往会做过，甚至挖掉某层。虽然在探方发掘的最后要和邻方统一地层，但这时候已经是探方发掘基本结束的时候。在发掘过程中所做的记录等已经无从纠正了。因此，需要将解剖式发掘法融入探方发掘法，在探方发掘的第一步先进行小面积的解剖，了解探方内的地层堆积后，再逐层地在整个探方内进行挖掘。

①陈星灿：《中国史前考古学研究（1895—1949年）》，三联书店，1997年，第42—49页。

②陈星灿：《中国史前考古学研究（1895—1949年）》，三联书店，1997年，第138页。

③陈星灿：《中国史前考古学研究（1895—1949年）》，三联书店，1997年，第140—144页。

④严文明：《纪念仰韶遗址发现六十五周年》，载《仰韶文化研究（增订本）》，文物出版社，2009年，第385页。

⑤夏鼐：《河南渑池的史前遗址》，《科学通报》第二卷第九期，1951年。

⑥严文明：《从王湾看仰韶》，载《仰韶文化研究（增订本）》，文物出版社，2009年，第2—21页。

⑦严文明：《纪念仰韶村遗址发现六十五周年》，载《仰韶文化研究（增订本）》，文物出版社，2009年，第386页。

⑧陈洪波：《中国科学考古学的兴起——1928—1949年历史语言研究所考古史》，广西师范大学出版社，2011年，第80页。

⑨严文明：《纪念仰韶村遗址发现六十五周年》，载《仰韶文化研究（增订本）》，文物出版社，2009年，第386—387页。

⑩陈星灿：《中国史前考古学研究（1895—1949年）》，三联书店，1997年，第234页。

⑪王仲殊：《夏鼐先生传略》，载《中国考古学研究——夏鼐先生考古五十年纪念论文集》，文物出版社，1984年，第3—12页。

⑫何锟宇：《浅述中国旧石器考古发掘方法的演进》，《南方文物》2008年第1期。

⑬刘益昌：《石璋如先生与台湾考古学》，中国台湾"中研院"历史语言研究所《古今论衡》编辑

小组编：《古今论衡》第12期，2005年。

⑭中国社会科学院考古研究所聚落考古中心：《大型聚落田野考古方法纵横谈》，《南方文物》2012年第3期。

⑮严文明：《考古遗址发掘方法》，载《考古学研究（二）》，北京大学出版社，1994年，第252页。

⑯严文明：《考古遗址发掘方法》，载《考古学研究（二）》，北京大学出版社，1994年，第256页。

⑰石兴邦：《田野考古方法——调查、发掘与整理》，载中国社会科学院考古研究所编：《考古工作手册》，文物出版社，1982年，第18页。

⑱严文明：《北首岭史前遗存剖析》，载《仰韶文化研究（增订本）》，文物出版社，2009年，第101页。

⑲丁家奎：《浅析考古地层学的发生和发展》，《南方文物》1995年第1期。

⑳丁兰：《当代法国田野考古发掘方法与技术》，《华夏考古》2006年第4期。

㉑㉔何文竞：《田野考古工作中的几种"非常规"方法》，《中国文物报》2015年6月5日第7版。

㉒日本文化厅文物保护部编著、李季译、信立祥校：《地下文物发掘调查手册》，文物出版社，1989年。

㉓严文明：《足迹——考古随感录》，文物出版社，2011年，第162页。

㉕石兴邦：《田野考古方法——调查、发掘与整理》，载中国社会科学院考古研究所编：《考古工作手册》，文物出版社，1982年，第20页。

㉖严文明：《考古遗址发掘方法》，载《考古学研究（二）》，北京大学出版社，1994年，第253页。

㉗㉙㉚㉛钱耀鹏：《解剖性发掘及其聚落考古研究意义》，《中原文物》2010年第2期。

㉘钱耀鹏等：《略论磨沟齐家文化墓地的多人多次合葬》，《文物》2009年第10期。

㉜赵辉：《遗址中的"地面"及其清理》，《文物季刊》1998年第2期。

（作者单位：北京市文物研究所）

公共文化服务背景下的徐悲鸿纪念馆社教活动

李 晴

2006年以来，随着党和国家对于人民日益增长的文化需求认识的不断深入，公共文化服务体系建设的不断推进，一系列纲领性文件出台，规划和指导公共文化服务工作的发展和公共文化服务体系的建设。作为公共文化服务体系中的重要组成部分，博物馆事业也取得突飞猛进的发展。2019年9月17日，徐悲鸿纪念馆重新对社会公众开放。纪念馆的重新开放运行，不仅要求我们继续做好以文物为核心的保管、展览工作，更要求我们按照新时代开展公共文化服务的要求，做好以观众为中心的社会教育等服务工作。因此，从筹备重新开馆之初，我们就多方面思考、设计、开发纪念馆的社会教育活动，并在开馆后逐步进行积极的探索实践。这些探索对于徐悲鸿纪念馆今后的发展，以及从博物馆公共文化服务的角度助力首都文化中心建设都具有参考意义。

一、公共文化服务

2006年，《国家"十一五"时期文化发展规划纲要》第一次提出"公共文化服务"的概念，为此，有关专家、学者及相关行业部门的管理者对公共文化服务进行了多方面的研究，从不同的维度对公共文化的内涵、特征进行探讨和解读，提出不同侧重点的概念。2016年12月25日，全国人民代表大会常务委员会通过《中华人民共和国公共文化服务保障法》，归纳出"公共文化服务"的官方定义，即由政府主导、社会力量参与，以满足公民基本文化需求为主要目的而提供的公共文化设施、文化产品、文化活动及其他相关服务。

十余年间，"公共文化服务"的建设逐步实现从行政性指导、维护到法律保障的跨越，2006年的《国家"十一五"时期文化发展规划纲要》明确了加强博物馆等公共文化服务设施的建设；2007年，党的十七大报告明确提出将基本建立"覆盖全社会的公共文化服务体系"作为实现全面建成小康社会奋斗目标的新要求；党的十七届六中全会提出建设社会主义文化强国的目标，指出全面加强包括博物馆在内的公共文化事业的建设；2012年党的十八大和之后的十八届三中全会，对国家公共文化服务体系的完善及现代化公共文化服务体系的构建再次提出总体规划；《国家"十二五"时期文化改革发展规划纲要》对于公共文化服务的表述更加明确具体，措施和目标也更清晰；2015年，《中共中央关于制定国民经济和社会发展第十三个五年规划》把"公共文化服务体系基本建成"纳入"十三五"时期经济社会发展主要目标，提出要"推动基本公共文化服务标准化、均等化发展，引导文化资源向城乡基层倾斜，创新公共文化服务方式，保障人民基本文化权益"[①]；2016年底通过、2017年3月1日起实施的《中华人民共和国公共文化服务保障法》，标志着国家在公共文化服务领域有了法律制度上的保障，我国公民的基本文化权益将得到明确的法律保障；2017年10月，党的十九大明确提出要完善公共文化服务体系，深入实施文化惠民工程，丰富群众性文化活动。各地区也纷纷出台相关政策、实施办法和保障条例，在这些纲领性文件的指导和法律法规的推动下，公共文化服务的实践蓬勃开展，公共文化服务的意识日益深入人心。

博物馆是公共文化体系建设的重要组成部分，在1974年召开的国际博协哥本哈根大会上，"为社会和社会发展服务"的观念正式写入博物馆定义中②。我国2008年开始施行的博物馆免费开放政策，对博物馆更深地融入社会、让更多的观众走进博物馆和提高博物馆的公共文化服务意识，有很大的促进意义③。徐悲鸿纪念馆2010年开始闭馆，原址改扩建，至2019年9月再次对社会开放，历时整整九年，这期间，一方面国家公共文化服务体系建设取得重大进展，文化机构与民众公共文化意识显著提高；另一方面博物馆事业发展迅速。国家对公共文化服务的不断重视，公共文化服务理念的普及，公众对公共文化服务的意识不断加强，博物馆事业的快速发展，都对博物馆社会教育活动提出了更高的要求。

二、徐悲鸿纪念馆社会教育活动的开发与解读

2007年，国际博物馆协会修订《国际博物馆章程》，修订后博物馆的定义为：博物馆是一个为社会及其发展服务的、向公众开放的非营利性常设机构，为教育、研究、欣赏的目的征集、保护、研究、传播并展出人类及人类环境的物质及非物质遗产。我国于2015年3月20日起实施的《博物馆条例》中所称博物馆，是指以教育、研究和欣赏为目的，收藏、保护并向公众展示人类活动和自然环境的见证物，

经登记管理机关依法登记的非营利组织。无论是目前国际博物馆界对博物馆功能定位的普遍认同，还是《博物馆条例》中对博物馆的界定，教育都无疑成为当前博物馆首要的社会功能，而"国际博协定义中的博物馆教育，其目的在于传播知识、价值、文化，以此激发公众积极正面的价值观、道德感和创造力，培育公众追求美好生活的探索精神"④。为此，我们认真搜集博物馆社会教育的相关科研成果，研究北京市中小学相关美术、语文教材，借鉴全国大型博物馆、兄弟博物馆现有社会教育项目的成功案例，多次主动沟通了解学校、社区需求，在此基础上，依托馆藏文物资源，充分发挥主观能动性，开展儿童区活动、公益讲座、巡展、与学校（企业、社区）共建等内容丰富、形式多样的社会教育活动，弘扬徐悲鸿的爱国主义精神和艺术成就，搭建博物馆与公众沟通与互动的平台，加深公众对博物馆的了解与认同，为观众提供更加优质的文化服务。

1. 我们在纪念馆二层设立了儿童活动区，设计了六种参与性强的儿童动手活动，分别是DIY小马造型纸灯、《八十七神仙卷》填色拼图和徐悲鸿的传奇故事、DIY鲜叶拓染环保包（徐悲鸿笔下的花卉）、木版水印画制作、《奔马》竹编贴片扇子制作、手工创作冰箱贴制作。以微信服务平台预约的形式、以月为周期报名，免费参加。为孩子们设计的这些活动，一方面考虑到发挥博物馆"第二课堂"的社会教育功能，通过文物背后的故事弘扬徐悲鸿的爱国主义精神和对艺术的不懈追求、努力探索；另一方面考虑纪念馆兼具的美术馆特色，解读馆藏书画作品中关于色彩、形象、构图的内容，发挥美育功能，引导孩子们发现美、提高审美。活动主题、内容或源自画作内容或提取了画作中的元素，我们将动手活动与参观展览结合在一起，相互映衬。另外，活动的设计也与人教版小学美术教材相结合，力图做到社会教育与学校教育的一致性；同

表一　徐悲鸿纪念馆儿童区活动

序号	类型	活动名称	活动理念与目的	可开展场所	备注
1	节庆活动	DIY小马造型纸灯	以徐悲鸿代表性画作内容，也是最为观众熟悉的"马"的形象为设计核心，结合纸灯制作工艺，讲述宫灯、印章等传统文化内容，增加传统节日的喜庆氛围，弘扬传统文化。	各中小学校 社区 本馆儿童活动区 社区 本市各类企事业单位	结合元宵节、中秋节开展
2		《八十七神仙卷》填色拼图和徐悲鸿的传奇故事	通过临摹或为名画填色的形式，介绍中国传统美术技艺；通过讲述艺术家与画卷的故事，使人们了解徐悲鸿的爱国主义精神。	各中小学校 社区 本馆儿童活动区	结合春节、重阳节开展
3		DIY鲜叶拓染环保包（徐悲鸿笔下的花卉）	从徐悲鸿代表性作品中提取与植物有关的艺术元素或图案。结合这些图案，让人们亲自动手设计、印染图案，制作环保包。在了解徐悲鸿的艺术成就和作品的同时，也增强孩子们的环保意识，并发现和感受大自然的美。	本馆儿童活动区 各中小学校 社区	结合清明节、小学美术教材开展
4	第二课堂、美术体验课	木版水印画制作	紧密结合《美术》教材，使孩子们不仅了解学习木版水印技术，还可以亲自动手体验此项制作工艺；同时，了解徐悲鸿的代表性作品。	各中小学校 社区 本馆儿童活动区	结合小学美术教材开展
5		《奔马》竹编贴片扇子制作	结合徐悲鸿以"马"为题材的代表性作品，从中提取艺术元素，并制成绣片。结合这些图案，让孩子们亲自动手设计、制作竹编扇子、竹垫儿等，既有美感又有实用性。	各中小学校 社区 本馆儿童活动区	结合小学美术教材开展
6		"孔子讲学"手工创作冰箱贴	结合徐悲鸿代表性作品《孔子讲学》，从中提取艺术元素，利用画作中的图案，让孩子们亲自动手设计、制作冰箱贴；弘扬传统文化，既有美感又有实用性。	各中小学校 社区 本馆儿童活动区 社区 本市各类企事业单位	结合小学美术教材开展

时融入了中华民族传统年节文化的内容，实现博物馆弘扬传统文化的公共服务价值（表一）。

开馆以来，我们分别于9月21日、10月19日、11月23日和12月21日举办了四次不同主题内容的儿童区社教活动（图一、图二），每次活动内容不同，参观与活动结合进行，寓教于乐，得到了家长和小朋友们的普遍好评，取得了良好的社会效应。

2.作为国内收藏徐悲鸿作品最多的博物馆，纪念馆致力于在徐悲鸿研究及徐悲鸿倡导的美术教育方面做出成绩，同时，作为公益性的公共文化服务机构，我们也希望能够充分利用场馆的设施功能，为公众提供更多的服务，公益讲座是我们在这方面的一个尝试。重新开馆后，在开放接待工作逐步进入正轨、儿童区教育活动顺利运转起来后，我们利用多功能厅，于2020年1月正式开展"徐悲鸿纪念馆公益讲堂"的讲座活动。开场的两场讲座分别是1月11日的"书法：作为一种艺术"和1月18日的"徐悲鸿与法国学院派绘画"。考虑到1月份是开场的讲座，对于参与的人数没有把握，我们并未进行广泛宣传，但两场讲座现场都座无虚席，受到

图一 "奔马"竹编贴片扇子制作活动

图二 DIY小马造型纸灯制作活动

观众的高度好评（图三、图四）。这两场讲座也是我们分别进行的两种公益讲座模式的尝试：一方面我们邀请专家、学者、博物馆界的知名人士，结合他们的研究成果和我馆的特点，开展博物馆、美术教育、艺术和徐悲鸿研究相关的学术讲座；另一方面我们与创办于2013年、已经开展了131期讲座活动、颇受博物馆观众和爱好者关注的"博睿讲堂"合作，邀请被誉为"播撒艺术阳光的志愿者"的讲座人来馆开展系列讲座，普及艺术之美，传播文化知识。纪念馆公益讲堂目前每月两期，期望在不久的将来，我们的讲座能够像大英博物馆每日午后由博物馆管理者作为主讲人的免费讲座活动一样⑤，吸引更多博物馆从业者、博物馆爱好者参与进来，与观众分享研究成果和文化知识，更希望通过这样的分享，探索具有博物馆特色的社会教育方式。

3. 举办具有特定意义的仪式活动，弘扬爱国主义精神。名人纪念馆是见证、传承名人历史信息的重要载体，名人纪念馆与其他博物馆最大的不同在"人"，它所展示和传承的不仅是与纪念对象相关的馆藏文物和展品所具有的历史、文化、科学、社会价值，还有我们追忆、缅怀所纪念对象的生平经历、重要业绩和所体现或代表的优秀民族精神，名人纪念馆纪念的是过去的人，服务的是当下和未来。徐悲鸿的爱国精神，在他的作品和生平事迹中多有体现，因此我们在进行公共服务的探

图三 "徐悲鸿纪念馆公益讲堂"讲座活动

图四 听众为讲座人献花

索中，积极尝试举办具有特定意义的仪式活动。在过去的一年中，我们先后提供场地和服务，与相关单位共同策划，在我馆举办了徐悲鸿中学高三学生成人冠礼仪式、"我和我的祖国"北京雷锋小学东街校区2019年新队员入队仪式（图五、图六）。这些活动是孩子们成长过程中的重要经历，对于激发青少年的爱国热情，树立远大理想，成为勤奋刻苦、道德高尚的人具有重要意义。

此外，我们也通过与共建单位举办"不忘爱党爱国初心，牢记时代先锋使命"等相关活动，以朗读诗歌、重温入党誓词的仪式，增强与共建单位同志们的凝聚力、协作力，激发大家爱岗敬业、团结协作的精神。

4.送巡展进校园、进社区、进企业、进乡镇，广泛开展公共文化服务，充分满足不同社会群体的精神文化需求。书画类文物展览受展品材质、规格等方面的限制较多，对于环境温湿度的要求严格，不便

图五　徐悲鸿中学高三年级成人礼仪式

图六　北京雷锋小学入队仪式

图七　在北京启喑实验学校的巡展和社教活动

图八　在中铁六局集团丰桥桥梁有限公司的巡展和社教活动

图九　在卢沟桥乡中都盛业投资管理有限公司的巡展和社教活动

于开展社教活动。我们设计了十二幅固定展板和可以根据场地规模和需要随时增加的文物作品展板二十余幅，以及等比例大小的书画文物仿制品，组成"爱国为民、德艺双馨的楷模——徐悲鸿"巡展。在过去一年，我们将巡展先后送至北京启喑实验学校、中铁六局集团丰桥桥梁有限公司、丰台区卢沟桥乡的中都盛业投资管理有限公司、朝阳区绣菊园社区居民委员会等学校、企业和社区（图七—图九），让学生、企业职工、社区居民等各领域的观

众更全面地了解艺术家和纪念馆，广泛弘扬徐悲鸿爱国主义精神和艺术成就，服务学校教育活动内容，推动了乡镇的精神文明建设，也丰富了基层百姓的业余文化生活。

5.线上宣教活动和围绕社教活动的服务工作。在开展各种现场社会教育活动的同时，我们也积极尝试通过线上服务进行活动的宣传和推广。经过两年多的信息化建设，我馆现在可由网站和微信公众号服务平台为观众提供线上藏品介绍、网上纪念馆和导览活动。通过官网"精品典藏""数字展览"频道，为观众介绍馆藏文物、固定展览，提高身临其境的参观体验。同时，线上平台为所有来馆参观或参加儿童区、讲座等社教活动的观众提供预约的功能性服务，如果可以进一步做好检票系统的开发，将能在实现公众预约和实名入馆的基础上实现数据的互通，使接待流程更简洁有序，也能为博物馆观众的研究提供精确的数据支持。

在开放接待和社会教育工作中，我们也不断加入各项人性化的服务，为了家长们能够在孩子学习活动的过程中得到更好的休息放松，我们在儿童活动区所在的二层大厅放置馆方不参与盈利、卫生且价格低廉的自助现磨咖啡机；每次活动之前，在儿童活动区提前摆放更多的休息座椅；也在其他公共服务区域为观众提供宣传折页、轮椅和儿童推车租赁、免费饮水服务；提供自助充电宝，节假日增加免费讲解的场次，让观众享受到更好的公共文化服务体验。

三、纪念馆社教活动的特点

总结开馆以来纪念馆开展的社会教育活动，有以下三个特点：

第一，所有社教活动的内容都以馆藏资源为基础，围绕馆藏文物，宣传爱国精神，传承优秀文化，力图展现纪念馆的特色。

第二，社教活动的受众尽可能广泛，为儿童、学生、成年人设计和提供了不同内容的服务形式，此外活动的设计考虑到观众年龄、教育水平、知识层次和职业的多样性，在此基础上尝试进行分众化的社教活动设计。

第三，社教活动具有非营利性的特点。目前我馆提供的所有展览、社教活动全部免费，不仅如此，为了让观众的参观更有纪念意义，也能把纪念馆的宣传内容带回家，我们采用免费不免票的参观形式，每个季度调整门票样式，每年的门票收集起来可以形成系列；所有到馆参加馆内文化活动的学生团体，都得到了我们用徐悲鸿的诗句、画作设计的书签。下一步，我们也将根据观众的需求增加活动的频次，增加活动坚持非营利性的原则，为观众提供优质、有特色的博物馆社会教育活动。

当然，尽管做了很多的尝试和努力，但因为经验不足和各方面的原因，我馆的社教活动仍然存在不足，有很大的改进、提升空间。

四、对于徐悲鸿纪念馆社会教育活动的思考

本次开馆之前，我馆已经闭馆整整九年。这九年中，社会对于博物馆的认识、观众对于博物馆的需求都有了翻天覆地的变化。《博物馆条例》⑥专辟一章强调博物馆的社会服务。社会教育活动是博物馆公共文化服务重要的内容，有发展空间，也是当前和未来博物馆事业发展的重要趋势。我们在保证开放安全和博物馆开放接待正常运转的前提下，需要从以下几个方面进行深入的思考、研究，以便对社会教育工作进行改进。

1.增加社教活动与展览活动的紧密联系

展览是纪念馆传统的优势业务工作，也是一直受到观众关注与喜爱的公共文化

服务内容，即便在闭馆期间，纪念馆也从未间断与其他博物馆、美术馆合作举办展览。2019年在积极筹备开馆的前提下，我馆先后与中央美术学院美术馆、中国美术馆、湖南省博物馆、南京博物院合作，借出馆藏珍贵文物作品，参加"先驱之路：留法艺术家"、香港中文大学博物馆任伯年大展、"大爱·大美艺术成就展""仰之弥高——二十世纪中国画大家展"等展览活动。

2019年9月17日，随着纪念馆重新对社会开放，我们推出了共覆盖三层展厅的固定展览，分别是：一层展厅记录徐悲鸿先生的生平和纪念馆的历史，复原了先生命名为"静庐"的故居，展示被徐悲鸿先生失而复得、两次重金购买、被先生称为"悲鸿生命"的《八十七神仙卷》的复制品和艺术品。二层展厅以"民族与时代"为主题，展示了徐悲鸿先生以《愚公移山》为代表的历史与现实题材的作品，以及众多人物肖像作品，这些作品在创作上兼具传统中国画与西方油画的特点，不仅具有很高的艺术价值，更具有重要的时代精神和现实意义。三层展厅的展品按作品题材主要分为禽鸟走兽花卉题材的绘画、山水风景题材的绘画和书法作品三类，相对于二层展览"民族与时代"的主题，这一层的内容更加丰富，也更具趣味性，更加生活化，彰显了徐悲鸿"致广大，尽精微"的核心艺术思想。展览是博物馆教育活动的载体，是博物馆特有的公共文化服务方式，紧密围绕展览的社会教育活动，不仅是将文物资源及对文物的研究成果与观众共享，也通过观众的分享实现展览的宣传和文化的传播，同时通过不断更新、延伸社教活动的形式，也可以弥补固定展览更新周期长的问题，增加新鲜感，吸引观众常来参观。

2.成功开展社会教育活动需要全馆密切配合

《博物馆教育活动研究》一书中，提出展览并非博物馆教育活动的唯一手段，而是应该围绕和配合展览开展延伸教育与拓展服务[7]。《博物馆条例》也指出，博物馆应当根据自身特点、条件，运用现代化信息技术，开展形式多样、生动活泼的社会教育和服务活动，参与社区文化建设和对外文化交流与合作。优秀的社会教育活动是博物馆的文化产品，是博物馆每个公共文化服务项目的一部分，是观众参观过程的一个环节。它应该由博物馆最重要的部门之一——社教部门来实施，但同时也需要其他各职能部门在每个项目的策划、组织、实施、宣传、总结各环节共同参与，及时提出和解决问题，所有参与者，无论是安保、咨询、保洁、秩序员，还是任何出现在公共服务区域的工作人员，都要意识到为观众参观提供服务和帮助，才能实现观众良好的参观体验，才有可能实现社会教育的目的，这也会使每个公共文化服务的具体项目和全盘工作更有计划、更有秩序。

3.了解观众的需要，打造有品牌的社会教育活动

徐悲鸿纪念馆建立于1954年，先由周总理题写"悲鸿故居"，后又有郭沫若先生题写"徐悲鸿纪念馆"的馆名，拥有较长的建馆历史。2018年我馆馆藏珍贵文物《八十七神仙卷》在中央美术学院美术馆展出期间，观者如潮，在其他众多馆藏珍贵文物作品同时展出的情况下，据媒体统计，观众平均排队时间为2小时；开馆以来，有些观众反复来馆参观、临摹，直至闭馆才离开；我馆送至附近北京雷锋小学、北京启喑学校的复制品展览和社教活动，补充了学校的教育需求，丰富了孩子们特别是以美术、设计作为今后职业方向的孩子们的课程内容，受到老师和孩子们的热烈欢迎……这些都说明观众对于博物馆资源有强烈的需求，并且是侧重不同的需求。2015年1月中共中央办公厅、国务院办公厅《关于加快构建现代公共文化服务体系的意见》中指出："在公共文

化服务体系建设中统筹考虑群众的基本文化需求和多样化文化需求，推动公共文化服务向优质服务转变，实现标准化和个性化服务的有机统一。"有关学者也在研究中详细划分出观众类型，"哈法·都尔英（Zahava Doering）把博物馆对参观者的态度分成三类：①陌生人：在以'藏品'为尊的环境之下，美术馆把大量的经费运用于对藏品、展品的保存与研究。因此'公共艺术教育'的功能着重于展示而非诠释。②客人：美术馆负起'教育'的责任，把展品转换为'可教'的工具，提供参观者相关知识。③顾客：美术馆尊重来访的观众，设身处地考虑他们的需求。与其他两类单纯强调参观人数不同，对这类参观者美术馆开始思考如何提升自身服务质量，这个觉悟彻底改变了美术馆长期以来以'展示'为主的经营理念，打破了以'物'为主体来传递知识的定律。"⑧作为博物馆公共文化服务的供给方，我们可通过调查问卷、分析开馆观众信息、观众观赏停留时间信息、语音导览使用数据信息等多种方法，研究不同观众的特征、兴趣点、关注点，产出观众感兴趣、有需求的活动内容，打造品牌性的社会教育活动。

今年，我们在继续原有社会教育活动的基础上，结合本馆特点，为有更多的参观频次和更丰富需求的观众设计了两个系列的社会教育活动项目："读绘本、画绘本——青少年绘画活动项目"和"走近大师——博物馆艺术实践项目"。希望通过社会教育活动分众化、突破大众化服务的尝试，为观众提供更精准的文化服务，也为将来向不同观众群体提供教育活动项目积累经验。活动的效果如何，我们拭目以待，也期待通过观众的反馈，帮助我们继续改进、优化社教活动，获得新的提升，为观众提供更优质的服务。这也是那些博物馆实践走在前列的国家、地区带给我们的博物馆工作经验。

4. 增加线上宣教活动内容

互联网和移动终端的广泛使用，为博物馆传播信息、普及知识提供了重要的技术手段，观众可以更快速、便捷地了解博物馆和它的藏品并享受服务。2020年新型冠状病毒疫情发生以来，博物馆作为公共聚集场所暂时关闭。截至笔者交稿，国家文物局已经推送五批全国博物馆网上展览资源；全国博物馆、科技馆各自推出或联合起来推出公益课程，发起科学实验活动；众多博物馆、文物保护单位通过"云游"带观众领略文化艺术……这虽是特殊时期的特殊举措，却也给我们以启示，徐悲鸿纪念馆是全国收藏徐悲鸿先生作品数量最多、文物等级最高的公益性文化机构，同时由于艺术家个人的求学经历和艺术成就，国内外有很多他的关注者。增加纪念馆网站等线上服务的内容，建立藏品数据库，提供文物数据资源，增加观众可以视觉体验和参与的内容，无论是特殊时期应对突发闭馆情况，还是平日为观众提供服务，都很有必要。

5. 与学校、社区、企业建立中长期稳定的合作关系

"据美国博物馆协会统计，美国博物馆约有90%提供K-12⑨等学校教育活动，每年有上千万学生参加教育项目，每年教育总时间约4百万小时，美国博物馆每年在教育方面的总投资达20亿美元。"⑩相关学者"通过对全英国师生群体对博物馆学习价值进行统计数据，由访谈、小组交流、案例研究等方式，得出了博物馆的学习对学生的日常生活起到了正面良性的影响"的结论⑪。国家《关于加快构建现代公共文化服务体系的意见》中提出："将中小学生定期参观博物馆、美术馆、纪念馆、科技馆纳入中小学教育教学活动计划。"虽然笔者目前尚未找到对博物馆与社区等合作的明确指导意见和要求的相关文件通知，但博物馆特别是名人故居纪念馆通常坐落于社区附近，甚至社区之中，在地理位置上具备与社区合作的优势。我

们在更深入地调查和了解学校、社区、企业等群体文化需求的基础上，结合馆藏文物资源和人力资源，研究可以提供什么样的服务，怎样更好地服务。例如，为儿童、青少年提供的文化活动，要考虑培养孩子们健康向上的文艺爱好，尝试结合学校的教育教学活动，让课程更丰富有趣；为企业提供文化服务，考虑与企业特点结合，促进企业文化建设；为社区提供文化服务，考虑社区居民的特点，开展艺术普及，吸引更多居民关注博物馆，促进提升居民文化消费需求。

随着博物馆、纪念馆在丰富人民生活、陶冶情操、提升生活品质方面发挥越来越重要的作用，也有越来越多的观众愿意走进博物馆，将博物馆作为了解历史、感受文化、开展活动、提升自我的重要场所。《博物馆事业中长期发展规划纲要（2011—2020）》提出，到2020年，基本形成特色鲜明、结构优化、布局合理的博物馆体系，基本实现博物馆管理运行的现代化，基本建立运转协调、惠及全民的博物馆公共文化服务体系，博物馆文化深入人心，进入世界博物馆先进国家行列。希望通过我们开展的博物馆社会教育实践，总结、研究博物馆的社会教育工作，不断提升我馆社会教育活动的服务质量和水平，为博物馆公共文化服务建设多做些扎实有益的积累。

---

①国务院新闻办公室：《关于制定国民经济和社会发展第十三个五年规划的建议》，2015年。

②1974年，国际博物馆协会第11届大会在哥本哈根召开，这届大会将博物馆定义为：博物馆是一个不追求营利、为社会和社会发展服务的公开的常设机构。它把收集、保存、研究有关人类及其环境见证物当作自己的基本职责，以便展出，公诸于众，提供学习、教育、欣赏的机会。

③宋新潮：《公共文化建设与博物馆免费开放》，《东南文化》2012年第4期。

④龚良：《从社会教育到社会服务——南京博物院提升公共服务的实践与启示》，《东南文化》2017年第3期。

⑤杨宁：《公共文化服务体系下的博物馆多元化发展研究》，东南大学硕士学位论文，2018年。

⑥2015年2月9日由中华人民共和国国务院公布，自2015年3月20日起实施。

⑦郑奕：《博物馆教育活动研究》，复旦大学出版社，2015年，第4页。

⑧陈怡倩：《从"参观"到"参与"：谈西方博物馆公共艺术教育》，艺术博物馆杂志（微信公众号），2020年3月14日。

⑨K-12，K是英文kindergarten的首字母，12是指美国基础教育的第12年级，相当于我国的高中三年级，K-12指的是从幼儿园到12年级基础教育体系。

⑩胡俊：《关于美国博物馆公共文化服务的研究及启示——以大都会艺术博物馆等为例》，《上海文化》2013年第12期。

⑪[英]艾琳·胡珀-格林希尔：《博物馆与教育——目的、方法及成效》，上海科技教育出版社，2016年。

（作者单位：徐悲鸿纪念馆）

北京长城保护与发展简要概述

吕忠霖

长城是中华民族精神象征，具有特殊的历史文化价值。长城是我国现存体量最大、分布最广的文化遗产，是人类历史上宏伟壮丽的建筑奇迹和无与伦比的文化景观，在人类文明史上具有独一无二的普遍价值。1961年起有关重要点（段）被分批公布为全国重点文物保护单位。1987年，长城被联合国教科文组织列入《世界遗产名录》，成为中国的首批世界文化遗产。

一、长城的起源和意义

长城是我国乃至全世界修建时间最长、工程量最大、分布最广的具有线性特征的军事防御遗产，自春秋战国至明末，历经2000多年，先后历经了我国古代的春秋战国、秦、汉、唐、明等十几个历史时期持续营造，分布于中国北部和西部的广大土地上，根据2012年国家长城资源调查数据，历代长城总长度约为21196.18千米，包括长城墙体、壕堑、单体建筑、关堡和相关设施等长城遗产43721处，涉及北京市、天津市、河北省、山西省、内蒙古自治区、辽宁省、吉林省、黑龙江省、山东省、河南省、陕西省、甘肃省、青海省、宁夏回族自治区、新疆维吾尔自治区等15个省（区、市）的404个县（市、区）。

1.秦汉长城

秦汉长城是我国历史上第一个大一统时期的重要产物，见证了公元前3世纪至公元3世纪我国北方农耕文明与游牧文明之间第一轮大规模冲突、交流与融合，自此产生了一套国家军事防御制度及与之相应的工程技术体系。

2.明长城

明长城在工程技术、整体规模等方面较以前各历史时期有了显著提升，展现了我国古代在军事防御体系及工程建设方面的最高成就，见证了14世纪至17世纪我国北方农耕、游牧、渔猎、畜牧等不同文明、文化之间的又一次大规模冲突、交流与融合。

3.其他时代长城

春秋战国长城是我国统一国家形成之前部分诸侯国之间冲突的产物，见证了公元前7世纪至公元前3世纪我国北方农耕地区的地缘政治及其变化情况。北魏、北齐、隋、唐、五代、宋、西夏、辽等历史时期均不同程度修筑、改建或增建过长城，或在局部地区新建了具备长城特征的防御体系。

万里长城是我国乃至世界上最宏伟的军事防御工程，其工程之艰巨，历史之悠久，气势之雄伟，堪称罕见奇迹。因而它在几百年前就与罗马斗兽场、比萨斜塔等并列为世界中古七大奇迹。

二、北京长城资源情况

国家文物局《关于北京市长城认定的批复》（文物保函〔2012〕875号）认定的长城遗存共计2356处，包括长城墙体、单体建筑、关堡和相关设施等4个类型，分布于平谷区、密云区、怀柔区、延庆区、昌平区、门头沟区6个区。

根据2012年国家文物局长城资源调查和认定成果，北京长城主要包括北齐和明两个历史时期的遗存，其中北齐长城遗存24处、明长城遗存2332处。北京长城墙体全长520.77公里，包括北齐长城墙体46.71公里（14段）、明长城墙体474.06公里（447段），单体建筑1742座，关堡147处。北京市境内长城遗存材质类型以土、石、砖及山险为主，还包括山险墙及消失段和其他。

北京明长城的修建始自洪武初年，永乐、弘治、嘉靖、万历各朝均有修建，动员了数以万计的军工、民工，耗费了极大的物力和财力。其目的在于保障国家的安定与和平，从而保障政治、经济、文化的繁荣与发展。

"幽州之地，左环沧海，右拥太行，北枕居庸，南襟河济，诚天府之国。"利用山地和平原的分界线，北京长城沿燕山和太行山内侧山脊而行，呈现出环抱北京小平原、拱卫京师的态势。北京长城因其拱卫京师的特殊使命，尤为险峻坚固严密，其修建技术、规模和管理规划等方面也达到了历代修建长城的顶峰。它作为中国有长城分布的15个省（自治区和直辖市）中保存最完好、价值最突出、工程最复杂、文化最丰富的段落，是中国长城最杰出的代表。北京长城不仅是中国长城建筑史上巅峰时期的价值体现，更是世界文化遗产的杰出代表。

清代以后长城的军事防御功能逐渐消退，未再大规模修建，长城遗存保留至今，成为人类历史上罕见的大型线性文化遗产。

三、北京长城所面临的形势和困难

长城是古建筑与古遗址两种遗存形态并存、以古遗址遗存形态为主的文化遗产，并具有突出的文化景观特征。这种独特的遗存形态，是经历2000多年的不间断

历史演进，以及人类活动和自然侵蚀共同作用的结果，是长城保存的真实历史状态和现实存在。

1. 北京长城现状

北京长城遗存绝大部分保持了始建时的走向、位置，以及原结构、材料和工艺，长城两侧地貌较少受到人为扰动，真实性整体较好。但部分旅游开放段、交通穿越段、紧邻村镇段等长城点（段）因受各类工程及人为活动干预，真实性受到干扰。同时，北京长城保存了建成时的整体格局，完整性较好。

2011年，北京市人民政府《关于公布第八批文物保护单位保护范围及建设控制地带的通知》公布了北京长城保护范围和建设控制地带，将长城保护区划纳入法制管理范畴。部分长城点（段）设置了保护标志，建立了较为系统和规范的长城记录档案。北京长城沿线六区贯彻落实《北京市人民政府关于进一步加强文物工作的实施意见》，落实各级政府对长城保护的主体责任。各区已经初步建立层级明确的长城保护员队伍，这些工作的落实基本符合国家文物局《长城"四有"工作指导意见》的要求。

2. 北京长城面临的困难

根据北京2006年至2012年的长城资源调查情况统计，初步摸清家底，建立长城资源数据库。北京长城保存程度好、较好和一般的各类型遗存约占总量的33%，保存程度较差和差的各类型遗存约占总量的41%，已消失的遗存约占总量的25%，未经调查的遗存不足1%。其中北齐长城整体保存程度较差，明长城整体保存相对较好，但保存状态仍不容乐观。

一方面，源自自然因素。自明代之后几百年以来，北京明长城从未进行过系统性大规模整体修缮。在长期历史环境发展中，积累的生态环境问题如狂风暴雨的冲刷、水土的流失、动植物活动和生长、自然界侵蚀、冻融、盐碱、沙漠化、风蚀等诸多因素导致长城遭到破坏，众多点

（段）墙体出现坍塌、敌台出现裂缝和鼓胀，存在大量点（段）结构安全性不足，随时有坍塌的风险，险情颇多。

另一方面，源自人为因素。在长城文物本体及紧邻长城的周边区域进行生产建设活动、挖土取石、农作物耕种和灌溉等，造成长城文物本体直接或间接被破坏，对长城保护构成较大威胁。开放点（段）长城（辟为参观游览区）的游客量过多，基本都在最大承载量之下高位运行，如北京八达岭、居庸关、慕田峪等长城段，游客承载压力过大，仅八达岭长城景区的年游客量在2018年已达990万，日游客量限制为6.5万。最大承载量对文物承载量、生态环境和游客人身安全都存在一定隐患；在未开放点（段）长城（俗称野长城），大量驴友违法攀爬、露营等人为因素也导致长城遭受破坏。此外，近年来旅游开发、景区建设等人为活动对长城的影响和压力也比较突出。

四、市文物局对长城保护所做的工作

在国家文物局和北京市委、市政府的领导下，市文物局长期以来高度重视长城的保护工作。

1. 坚持规划引领

按照北京市推进全国文化中心建设领导小组和市委、市政府主要领导的部署，市文物局牵头成立了长城文化带建设组，并会同北京建筑大学紧紧围绕长城文化带保护发展的基本思路，遵循文化遗产保护

与生态涵养并重原则，编制完成《北京市长城文化带保护发展规划（2018年至2035年）》（图一）。2019年初，以北京市推进全国文化中心建设领导小组名义印发。2019年，经多次修改和完善，市文物局委托编制完成《北京市长城保护规划》，并于2019年底经国家文物局专家评审通过。2020年，为落实中央深改委关于《长城、大运河、长征国家文化公园建设方案》，市文物局牵头编制《长城国家文化公园（北京市）保护建设规划》。

此外，北京市在长城保护建章立制方面也走在全国前列，2003年出台了全国第一部长城保护政府规章《北京市长城保护管理办法》（2018年2月修订），为2006年国务院发布《长城保护条例》提供了有益借鉴。同时指引平谷区于2004年颁布的《北京平谷区长城保护管理规定》，是全国范围内区县级颁布长城专项管理办法最早的先行案例。2018年，市文物局印发《关于实施长城修缮工程定额及其他取费标准的通知》，在全国范围内率先补充了长城修缮定额中子目录的缺项，完善了长城修缮工程造价的需要。2019年，市文物局印发《关于进一步落实北京市长城保护员相关工作的通知》，要求各区制定长城保护员管理办法，并抓紧落实长城保护员

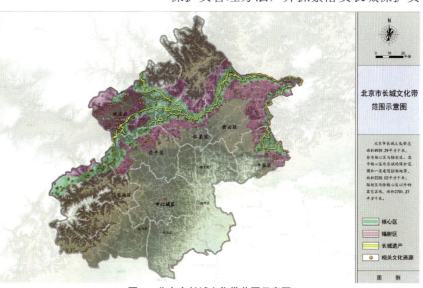

图一　北京市长城文化带范围示意图

聘用相关工作。同年，怀柔区人民政府率先颁布了《怀柔区长城专职保护员管理办法》。

2.坚持长城修缮理念，完成重点抢险修缮工程

自2000年至2019年底，市文物局共开展长城保护工程100余项（图二、图三），使用财政资金4.9亿多元。对于长城抢险修缮，市文物局始终坚持"最小干预"的理念和原则，并积极探索设计施工一体化、设计单位驻场等制度，探索适合于文物保护项目的招投标模式，强化设计单位、监理单位在施工中的作用，确保工程质量和长城本体安全。近年来，完成市政府重点长城修缮项目箭扣长城一期、二期修缮工程（图四），2020年正在实施箭扣三期修缮工程。国家文物局多次肯定箭扣长城的修缮方式和方法，并向全国推广，使之成为全国砖石长城修缮的示范点。此外，昌平区流村长城1至9号敌楼抢险修缮工程、密云区司马台东段8至9号敌

图三 延庆区87号敌台抢险前后对比

图二 怀柔区202号敌台抢险前后对比

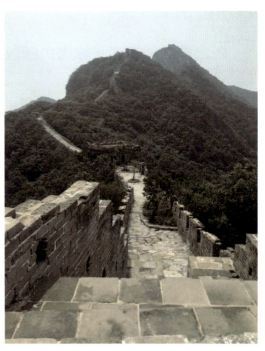

图四 箭扣长城二期修缮工程成果

台边墙抢险项目、密云区蟠龙山段长城抢险修缮工程、延庆长城67—69号敌台及两侧墙体抢险修缮工程等项目也都顺利实施。

2019年经国家文物局审批同意，北京市启动了长城本体抢险保护工程，前期明确了长城抢险加固的范围、细化审批流程、审核标准等，建立专家库咨询制度，制定工程方案的审批程序，旨在对长期存在争议的长城维修模式进行理念和技术的探讨。工程选择怀柔、密云、延庆10处长城危险段落，按照"保护为主、抢救第一"的工作方针，坚持"最小干预"原则，对10处濒临塌毁的部位进行了"救命式"抢险加固工程。2020年，继续实施涉及昌平区、怀柔区、密云区、延庆区共计10项长城抢险加固项目和5项涉及民生的长城抢险项目。在远景规划中，市文物局已经明确了到2035年长城全线实现无险情的保护目标。

同时，市文物局还积极探索创新模式引入社会资本。经中国文物保护基金会引荐，由腾讯捐赠一千万元人民币修缮怀柔区箭扣南段长城；由香港黄廷方慈善基金会捐赠一千万元人民币修缮延庆区67—69号敌台及墙体工程。

3. 坚持重点项目支撑，推进长城文化带折子工程

由市文物局牵头成立的长城文化带建设组始终秉承文物保护原则，以长城本体抢险和修缮为重点项目支撑，带动长城文化带建设组其他项目发展。2018年完成加强长城遗产保护、修复长城生态功能、实施基础设施建设、推动生态旅游与文化传播等4大类、35项工作；2019年完成4大类、36项工作。制定并推进2020年长城文化带折子工程，共计强化统筹谋划、加强长城遗产保护、修复长城赋存环境、实施基础设施建设、推动生态旅游与文化传播等5大类、19项。

4. 加强长城保护员队伍建设

2019年，市文物局印发《关于进一步落实北京市长城保护员相关工作的通知》，要求各区制定长城保护员管理办法并抓紧落实长城保护员聘用相关工作。截至2020年上半年，北京市长城保护员队伍共476人，其中昌平区42人、平谷区48人、怀柔区131人、延庆区128人、密云区57人、门头沟区70人（兼职）。长城保护员职责包括巡视、险情监测、环境清理、劝阻游人攀爬野长城等。2020年下半年，市文物局将牵头组织开展各区长城保护员队伍的培训工作，落实保护员管理责任和队伍建设工作，长城保护员队伍将实现长城重点点（段）全天巡查、一般点（段）定期巡查、出险点（段）快速处置、长城野游科学管控，形成全覆盖、无盲区的长城遗产保护网络。

5. 成立北京长城文化研究院

为进一步做好长城保护工作，助推长城文化带建设和长城国家文化公园建设，2020年，市文物局与北京建筑大学签订战略合作协议，共建成立北京长城文化研究院。旨在创新发展思路，整合资源，凝聚各方力量，开展科学研究和专家咨询，构建政府主导、部门协调、各区联动、社会机构参与的长城保护、传承、利用的新格局。

五、当前长城保护理念与监测

国家文物局对长城保护的理念和原则是"科学规划、原状保护"和"整体保护、分段管理"。保持长城遗址原始形态，对长城濒危点（段）仅以抢险为主。

长城作为世界文化遗产，受世界遗产公约的约束和监测。世界遗产监测是指对世界遗产保护状况的监测，世界遗产保护状况监测机制是由1972年通过的联合国教科文组织《保护世界文化和自然遗产公约》第7条和第29条规定，并由《实施世界遗产公约操作指南》细化而成，包括3种方式：缔约国自主监测、反应性监测、定期报告。

建立监测的目的是保证世界文化遗产的突出普遍价值不受威胁，使世界文化遗产处于较好的保存状况。八达岭长城每年都向上级文物主管部门提交遗产监测报

告，建立《八达岭长城文物巡查制度》，派专人对文物本体和遗产核心区、缓冲区进行定期检查和重点日查，并有详细的记录和照片留存。长城的遗产本体健康管理计划也已经启动。据2019年监测记录记载：共巡查1000多次，更换磨损严重地面砖、台阶石500多块，稳固松动封顶砖200块，焊接扶手拦30余处，使长城遗产本体得到有效的保护。

六、长城保护未来展望

1. 贯彻落实总书记对长城保护的重要指示精神

2015年7月2日习近平总书记在《长城遗址保护引舆论关注》情况专报上批示：长城是中华民族的精神象征，具有特殊的历史文化价值。要本着对历史负责、对人民负责的态度，切实完善政策措施，加大工作力度，依法严格保护，更好发挥长城在传承和弘扬中华优秀传统文化中的独特作用。

长城保护受到中央及各级政府的高度关注，无论是国家层面或是北京市层面，都可以看到政府对长城保护力度的加强，以及对长城文化精神弘扬的高度重视。北京作为国家之都、首善之区，长城保护的先锋性义不容辞。市文物局将按照《长城保护总体规划》《北京市长城文化带保护发展规划（2018年至2035年）》《长城国家文化公园（北京市）保护建设规划》等要求落实北京市长城保护工作。

2. 遵循国家文物局关于长城保护的理念和原则

遵循"科学规划、原状保护"和"整体保护、分段管理"的原则和理念，依据国家文物局《长城保护维修工作指导意见》等文物保护工程相关规范性文件要求，不断通过提高技术方案设计、专业技术审核、相关实施管理提升长城保护维修项目质量。长城保护维修项目按照不改变

原状、最低程度干预等原则，针对长城文物本体、历史环境、自然环境的不同特点，进行分类保护尝试。

加强长城考古研究工作，应以考古作为长城保护维修前期工作内容的要求，制定统一部署和远期规划。应探索运用遥感、物探等新技术手段，拓展研究视野，增加研究深度和广度。对北京市长城濒危点（段）应以抢险为主，加强勘察，明确是否存在结构稳定性、冻融、排水等险情原因，有针对性地进行排险、抢险工作。

3. 建立以预防性保护为常态的长城保护制度

预防性保护和日常保养维护应为未来长城保护的常态。应推动长城保护向预防性保护转变，及时消除人为破坏因素、缓解自然威胁因素。

北京已经成立中国世界文化遗产监测预警总平台，与八达岭长城世界文化遗产监测中心数据联通，开展了监测预警工作。同时，长城沿线六区已经设立长城保护员队伍，长城保护员队伍以日常巡视和科技手段的监测相结合，完善了长城保护的手段和机制，哪里有险情第一时间会反馈到文物部门，文物部门立即进行查险、排险和维护，更有效地保护好长城。

同时，加强研究性修缮和保护管理研究，针对不同材质、不同环境条件下长城特点，进行研究性修缮和文物保护研究，提高科学性和研究性。

4. 充分利用科技手段加强长城的监测与保护

加强科学技术在文物保护方面的应用，用好科技手段，利用无人机、传感器、监控摄像头等技术，深入摸清长城资源家底，建立数字管理系统，对长城本体及周边缓冲地带进行多维度监测，完善监测平台和管理机构，提高监测保护的精准性、及时性和有效性。

（作者单位：北京市文物局）

西山永定河文化带文化遗产信息网构建模式研究

王如梅　郑　源

　　《北京市西山永定河文化带保护发展规划（2018年—2035年）》（以下简称《规划》）指出，北京市西山永定河文化带（以下简称文化带）是以京西太行山脉和横亘其中、东南流经平原地区的永定河"一山一水"为基本骨架的宽带状文化区。《北京城市总体规划（2016年—2035年）》提出文化带保护利用要依托三山五园地区、八大处地区、永定河沿岸、大房山地区等历史文化资源密集地区，加强琉璃河等大遗址保护，修复永定河生态功能，恢复重要文化景观，整理商道、香道、铁路等历史古道，形成文化线路。文化带是展示北京人文精神的重要载体，是京津冀协同发展格局中西北部生态涵养区的重要组成部分。文化带工作是北京历史文化名城保护体系的重要组成部分，是北京市推进全国文化中心建设的重点工作，目前，各项工作稳中有序地进行，取得了大量的成果。但同时，信息时代对文物保护、文化传承、文化价值提升、文化惠民赋予了更深的内涵，提出了新的需求，在现阶段，可以考虑将工作成果数字化并筹建数据存储、管理、挖掘、应用与传播的平台协助解决保护与发展的问题。地理信息系统（GIS）具有数据采集、数据处理与转换、数据存储与管理、查询与空间分析、可视化等五大基本功能[①]，可以将多源数据资料进行整合，结构化后转化为地理空间数据，如历史文献资料、影音资料、地图资料、卫星图片等都可以整合进

地理信息系统当中，并进行统一管理与更新[②]。物联网、大数据等新一代信息技术的快速发展和应用又进一步提升了GIS的数据处理和决策能力。因此，应用地理信息技术并融合新一代信息技术构建文化带GIS平台，进行资源数字化和数据系统化管理，是较为可行的方案。

　　《规划》分析了文化带资源保护中存在的问题："文化遗产整体保护难度大""统筹协调难度大，部门之间、地区之间缺乏有效联动，造成文化遗产保护传承利用难以形成保护合力，进而影响文化价值的整体呈现""生态价值和文化内涵呈现不足，尚未与城乡发展、旅游开发相融合""文化带的一些文化遗产……亟待通过数字化技术和虚拟仿真技术进行保护与挖掘利用"等。本文针对《规划》中阐述的问题，提出了基于GIS的西山永定河文化带文化遗产信息网（以下简称文化遗产信息网）模式，围绕《规划》的需求构建平台功能，希望有效补充目前文化带工作中尚未全面开展的信息化研究手段。该模式通过对数据资源的梳理和深入挖掘，应用平台对各类资源做数据进行统计分析应用，实现地理位置可视化，将解决问题的重点落在实现数据采集与工作协同、助力文化遗产保护传承、协助生态环境改善提升、深化成果惠民落实和文化创意创新发展等方面，提出文化带文物保护、文化传承的新方法，从工作、交流、科研、宣传和服务等角度着手进行研究。

一、西山永定河文化带的数据资源和存储与利用面临的问题

2015年，北京市认真总结"十二五"以来文物保护和利用的情况，结合《北京市"十三五"发展规划》和《北京市"十三五"时期加强全国文化中心建设规划》编制，在会同市、区等有关部门反复调查研究的基础上，提出北京构建长城文化带、运河文化带、西山永定河文化带（简称"三个文化带"）的设想③。在此之前，文化带相关地区文化和生态的研究由来已久，成果形式多样，只是尚未从整体发展与保护的角度连线成片研究。整个文化带文化资源和自然资源类型众多，积累下来的文化遗产数据资源亦很丰富。数据资源有多种分类方式，如按照文化遗产概念、组织机构类型、数据记录形式分类。

文化遗产是指在特定的历史条件下，基于不同区域空间包括不同地理环境和人文环境产生和存留下来的宝贵物质财富和精神财富④，包括物质文化遗产和非物质文化遗产。按照概念分类，数据资源主要有物质文化遗产的相关数据，如世界文化遗产的说明；各级文物保护单位的时代、地址、批次；地下文物埋藏区和文物保护单位保护范围及建筑控制地带的范围；历史文化名村、国家级及市级传统村落、历史文化街区等的相关数据；可移动文物的质地、类别、图片；非物质文化遗产的相关数据；本文中扩充了生态文化资源和创新高地部分的数据。按照组织机构类型分类主要有机关、事业单位、企业、社会团体及其他组织机构的相关数据，其中包括机关根据职责在工作过程中产生的批复文件、普查数据；事业单位的图纸、考古报告、科研成果、文献与出版物；企业的竣工资料（包括竣工图、施工及竣工照片等）、中国知网、互联网等资源。按照数据记录形式分类有文本、图表、图片、音像、数字模型、高科技数字产品等。

文化带数据资源历史积累十分丰富，

相关工作已取得了一定的成绩，但仍然沿用过去的保护、数据管理、宣传模式会带来一些问题，主要表现在以下几个方面：

1. 业务协同：各区（领域、部门、机构）的管理者在工作中需要沟通平台，进行数据录入、存储、审核、统计和研判；工作人员和专家需要及时研讨急需解决的问题，提高工作效率。

2. 资源汇聚：大量数据资源之间需要一个共有属性相互联系，使貌似杂乱无章的数据条理清晰、直观准确有序地呈现；规划要求文化带要呈现以点连线带面的整体保护模式、"四岭三川，一区两脉多组团"的空间格局，在展现各类资源方面需要借助地图平台增强整体保护的全局性。

3. 科学研究：历史数据库的建设不应该只停留在提供简单的文献资料检索上面，而是要为研究者提供一个观察环境，甚至开拓新的分析工具和研究方法⑤。目前，研究工作基本在各自领域进行，很难打破学科局限，不利于科研工作高效推进；文化与自然资源数据、工作与科研成果需要统筹在同一平台，这是科研工作的需要。

4. 宣传服务：文化带知识和工作成果缺乏宣传渠道，数据无法用于惠民便民的目的。

因此，需要将文化带数据资源进行梳理整合，并按照数据之间的内在联系展现在同一平台上，实现数据增值；同时给平台的使用者提供一个互动与协同的工作环境、数据分析与共享的服务渠道。文化带各类型资源都共有地理空间属性，利用GIS的数据存储、展现和空间分析功能构建文化遗产信息网，在地图上以地理点位等空间符号为中心实现数据资源可视化，有利于数据整体呈现，并通过对数据的挖掘、研究和空间重构较好地解决目前工作中遇到的资源数据库建设、管理和应用等问题。

二、西山永定河文化带文化遗产信息网的构建思路

（一）平台应用层功能设计

文化遗产信息网应用层分为内部工作区和对外服务区。内部工作区的主要功能为：对内服务于西山永定河文化带建设组办公室；对上服务于北京市推进全国文化中心建设领导小组办公室；平行服务于各成员单位和专家。对外服务区服务于公众。

1. 内部工作区：

内部办公：分文件流转、资源保护、统计报表、专家咨询、互动交流5个模块。其中资源保护包括文物普查、综合评价、抢救性保护、精细测绘、科技保护等部分，汇聚考古、搬迁、腾退、修缮、环境整治等项目审批情况和工程进展情况等多类型数据，可进行叠加分析。

内部资料：包括历次普查、"四有"、地下文物埋藏区和保护范围及建设控制地带、修缮工程竣工资料、考古项目信息、历史文献资料、科研成果（如文化内涵挖掘与研究系列成果）等数据。

生态环境保护：对接流域水环境监测系统，实现监测管理、动态预警处置、数据管理等功能。

文化遗产安全监控管理中心：将文化带区域内多部门的监控系统联网建立统一监控中心，实现数据统一分发、人员统一调度等功能。

系统功能区：查询、浏览、统计等管理功能。

2. 对外服务区：

文化带资源：分规划范围与区域划分图层、空间结构示意图层、文化资源分布图层、自然资源分布图层、博物馆展览馆及红色纪念地图层、创新高地图层6个图层展示文化带资源。其中每条数据可以有多种属性，如文物保护单位、红色遗址遗迹、旧石器时代遗址、新石器时代遗址、农业遗产、水文化遗址、工业遗产等。

游览线路推荐：分文化探访线路、精品游览线路、文化生态休闲游览线路、地质文化旅游线路、红色旅游观光线路、自定义线路等多条线路。

文化宣传：分文化作品、红色经典、文化活动和非物质文化遗产4个模块。文化作品包括文化系列丛书、歌曲、纪录片、影视剧、话剧、戏剧等。红色经典包括红色文化遗址、文化作品、艺术作品、文化展示地等。非物质文化遗产包括传统戏曲、音乐、工艺、儿歌、传说、故事、节庆、游艺等。

数字化保护与创新：分遗址展示、壁画和石雕数字化展示、高清和三维专区、创新展示、数字娱乐5个模块。其中，遗址包括颐和园遗址、周口店北京人遗址、圆明园遗址等，高清和三维专区包括古建筑、文物等的高清图片和重点推介的三维模型，创新展示包括用虚拟仿真技术等制作的高科技数字产品，数字娱乐包括游戏、动漫、在线观看民乐和戏曲等。

区域经济与教育：各区域的相关信息。

众包：志愿者通过平台提供文字、图片和音视频等数据。

（二）平台总体架构设计

平台功能设计将按照数据中台的模式进行构建。将资源保护、互动交流、生态环境保护、安全监控管理中心、文化带资源及游览线路推荐等功能分别构建成微服务，灵活组装成对内和对外的系统（图一）。同时考虑到后续新的业务功能需求，预留空间和接口，可通过微服务搭建进行快速系统功能迭代。

数据资源集成管理是遗产信息网的核心。按照逻辑分区划分，数据库分为资源保护库、资料库、地图数据库三大逻辑分区。资源保护库包括专家咨询库、评价库、腾退库、修缮库和科技保护库等；资料库包括普查库、建控地带库、考古库、历史典籍库、志书库等；地图数据库包括行政区划、网格、遥感影像、DEM和三维模型库等。由于数据来源比较庞杂，涉及到多部门、多来源、多结构的各类数据，

图一　平台总体架构图

因此，将这些外部数据按逻辑分区进行整理时，需做好数据采集、数据处理、数据清洗、数据转换及数据监控等工作。

平台使用者根据用户类型不同主要分5类：工作人员（包括领导）、专家、志愿者、公众和系统管理员。工作人员、专家、系统管理员是内部工作区用户，志愿者、公众是对外服务区用户。

（三）平台技术架构设计（图二）

数据层：针对三大逻辑分区，按照数据仓库的设计模式，需要对各类来源数据进行数据标准化、数据转换及数据原子化，形成数据的ODS数据区和原子数据区。针对不同用户，对原子数据区的数据

进行数据抽取，可形成为领导、工作人员和专家提供建议的决策库和供用户共享数据的共享库。

服务层：服务层按照数据中台的模式构建统一的数据资源服务和统一的GIS服务。非空间化数据存储在Mysql中，基于Mybatis的开发框架分别构建出微服务，形成统一的数据资源服务。空间化数据存储在PostgreSql中，通过GeoServer进行空间服务发布，构建出二维地图服务、空间分析服务及地理处理服务，最终形成统一的GIS服务。

业务逻辑层：在这一层，可采用常用的基于J2EE的开发模式，My Eclipse 6.5

作为开发工具，Apache Tomcat 6.0作为系统打包发布工具。

界面层：可采用富客户端的展现模式，Dojo实现窗体灵活展现，FushionCharts实现图表的动态化展示。

三、建设西山永定河文化带文化遗产信息网的意义

《规划》中多次提到要建设数据和信息平台：在"发展定位与目标"中指出要建立文化带文化遗产（含非物质文化遗产）资源数据库；在"空间布局"中要求建立完善的文物数据库管理平台；在"促进非物质文化遗产活态传承"中提出进一步完善非物质文化遗产宣传、展示与交流平台；在"保障措施"中提到建立京津冀三地文化遗产保护利用联席会议制度，搭建信息共享平台，定期或不定期就相关问题进行商议，以推进文化遗产的整体保护；各区、各部门和各机构之间搭建多种形式并存的多元参与及信息共享平台，建立文化资源数据库和专家咨询库。由此可见，可以考虑建设有关文化带的数据管理和应用平台。

本文描述的文化遗产信息网，是基于GIS构想的文化带工作平台和社会参与平台，具有资料汇总查询、工作协同、成果共享与提升、宣传及社会教育等多方面的功能，为拓展文化带研究提供数据。平台具有交叉学科属性，可用于文物保护和修缮工程、文化空间和公共文化设施建设过程中的统筹监管；修缮项目、文化活动的汇总统计分析，辅助各方决策；辅助《规

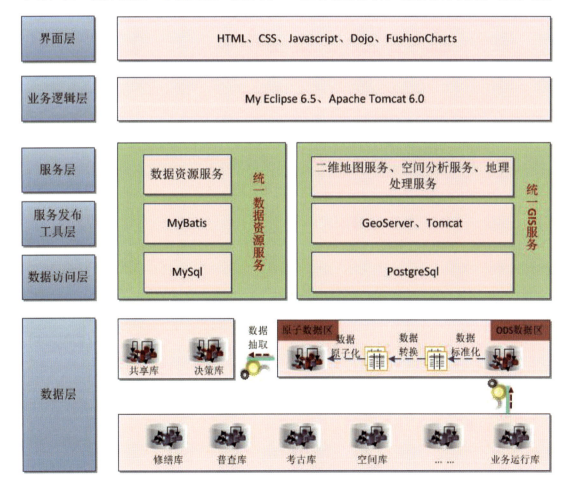

图二 平台技术架构图

划》做深入空间分析，进一步挖掘应纳入保护对象的文化遗产；协助生态环境保护，根据动态监测和预警科学合理及时处置；支持项目辅助审核和网络会议，减少现场考察；专家学者及时交流，扩大学术成果的利用，反哺《规划》；通过社会参与扩大资料搜集范围；宣传文化带工作成果，保护传承文化遗产；落实推进成果惠民便民，提供深入的公共文化服务。

1.应用平台统一灵活地展现文化带资源

文化带的资料纷繁复杂、类型多样，涉及领域众多，若数据仍分散管理并用纸质载体存储，既不便于查询检索，又效率很低。应用GIS数据库功能存储数据，内部用户可及时获取全面、准确的数据，查看相关项目信息和进展情况；将史料和工作数据通过空间位置属性联系在一起，按各种方式灵活查询，提高多元史料的空间化与共享率⑥；综合各类型资料，通过多图层叠加分析的方法扩展数据应用，在历史地理研究当中，多图层叠加分析方法多与GIS数据库功能结合，以点状、线状、面状要素链接数据库属性表，使各图层内的信息量成倍扩展，也为图层间的联系和比较提供重要支持⑦。数据资源的采集提取和研究挖掘可从文化、生态、惠民、红色文化、网络资源等多个方面来进行，成果分别在相应的模块存储和发布。

构建平台后预期将增加的数据有：工作人员和专家应用平台工作产生的数据；发动志愿者进行数据采集，通过地图定位提交的文化遗产资料和建议；数字资源和网络数据资源的持续更新，包括社科普及系列短片、三维精细模型、虚拟仿真数字资源、游戏、动漫等；《规划》指出的将编辑出版的文献或出版物，如《爨底下村志》等志书；《规划》将建设的博物馆如北京永定河博物馆的相关数据；已有数据的更新；其他数据。

2.配合文化带规划建设工作，提升决策效率

GIS最大的特点就是能进行空间操作，对空间数据进行存储、管理、分析和更新⑧。可通过平台进行地图作业，辅助文化带文物保护、修缮、腾退、抢救等工作过程中的规划设计、建筑设计、修缮工程等业务。文物、文化实体的分布情况记录在平台上，随着工作的推进，包括文化遗产、水系保护的调查、研究及工作的关键节点、结论内容的数据资源也通过平台不断地累积、补充和完善，有利于数据的查询、管理和综合研究，保存珍贵的数字资料。各种工作数据的查询、统计、报表及数据分析结果可为领导、工作人员和专家提供决策支持。利用平台做空间分析，分析文化遗产空间分布的主要影响因素，进一步了解其受历史、自然、社会经济因素的影响，为修缮腾退过程中科学合理地制定具体工作流程、整体区划保护及旅游开发计划提供参考依据。上述功能可利用已经正式上线运行的其他跨机构联合办公系统，通过系统对接共享数据和信息，合并办公，加快工程、项目和课题落地。

3.通过互动交流渠道进一步提升信息共享交换能力

内部工作区的用户可以根据权限共享数据资源，还可以在互动交流模块进行工作和学术探讨，解决信息不对称、搜集信息难的问题。可通过专家咨询模块及时与专家沟通重点难点问题，建立多方参与机制，加强传播和引导，缩短前期研究论证时间。应用物联网技术建设视频监控系统，打通各区（部门、机构）的监控边界，构建统一平台互联互通，相关工作人员可实时监测文化遗产现场情况、接收报警信息、统筹人力资源。通过众包模式，志愿者可以为文化带工作提供相关数据，协助文化遗产资源的调查和信息采集。

4.打破学科、部门、机构和行政区划的限制，促进文化价值的提升

文化带工作中涉及到文化和生态等多个领域、多个学科，通过同一平台进行专家交流，积累人文资源，有利于打破学

科之间的界限。可应用大数据技术利用文献、资料、中国知网和网络数据资源进行研究热点分析，充分挖掘和阐释文化内涵，全面地分析研究对象的现状、特点及发展趋势。各区（部门、机构）之间通过平台联动起来，部分解决管理权限不统一、统筹协调难度大、难以形成保护合力等问题。通过内部工作区功能的有效利用，可对文化遗产进行整体、全面、有效地保护，有利于连线成片保护与活化利用和文化价值的整体呈现。

5. 有利于落实文化惠民，实现文化的传播与利用

对外服务区承载的数据包括空间数据、文化作品、数字化成果、游览线路等资源，公众可通过该区浏览各类信息。可参考5条不同主题的游览线路，参观文物建筑、文化景观等；根据个人喜好和交通方式通过自定义线路模块定制游览线路，通过交通方式、游览时长、个人喜好等选项，系统会自动推送出符合需求的多条游览线路，切换遥感影像图还可直观判断哪条线路更符合个性化需求。通过用户的访问数据，分析公众对5条主题线路的关注度并进一步完善线路产品。红色纪念地、红色经典和红色旅游观光线路模块汇聚各类红色文化资源，突出红色文化内涵，彰显文化带的红色文化地位。同时，数据加工注重突出人工智能等新一代信息技术给公众带来的视觉体验，融合文化和科技成果，对文化带文物古建与文化景观等资料进行数字化记录、复原与再现，增强公众参与的互动体验和感受，推进文化遗产的传播力。多种服务方式促进文化创意创新发展，实现文化成果惠民。

四、结语

本文应用地理空间技术和互联网思维，提出文化遗产信息网模式。该平台是面向工作人员、专家的工作平台，将文化带数据和研究成果在一个平台上展现，实

现对文化遗产的多种类型数据的查询、动态展示和分析，提高工作人员管理和决策效率。应用平台的数据可做科学研究，平台也可积累用于未来进一步分析的数据；也是开放共享的服务平台，公众通过平台了解文化带工作和认知文物、文化、水系等知识，增加公众的关注度和兴趣，扩大成果影响，增强文化自信。通过研究挖掘数据的创新引擎作用，深化文化资源和自然资源的保护利用，推动"互联网+社会服务"的发展，加快未来文化带内国家森林公园的建设，促进文化遗产的可持续发展和文化价值的提升。平台的应用将在科研、宣教、文化惠民便民、文化遗产促进地方社会经济发展建设等方面起到积极的作用。

目前平台构建面临的问题是搜集数据需要较长时间，亦需多方广泛积极参与才能获得足够的数据；更多的工作数据和研究成果要随着工作推进才能产生，影响平台后续数据的更新和分析挖掘；研究偏重文化带数据资源的信息化系统建设、数据利用方面；对生态文化资源和非物质文化遗产的探讨较少。在今后的模式研究中，可进一步对文化遗产信息网的功能进行扩充优化，加强多学科理论融合，为更广泛的用户提供服务。

诚挚感谢吴梦麟先生和王玉伟研究馆员的指导和帮助！

本文部分受2019年北京市文物局科研课题"北京文化遗产保护实践探索研究（一）"资助。

---

①张新长、辛秦川、郭泰圣、何广静：《地理信息系统概论》，高等教育出版社，2017年，第19页。

②霍仁龙、姚勇：《基于地理信息系统的历史数据库建设——以近代西南边疆游记数据库为例》，《西南民族大学学报（人文社会科学版）》2018年第12期。

③王玉伟：《"三个文化带"建设是北京文物保护理念的创新发展》，载《北京文博文丛·文化带专刊》，北京燕山出版社，2018年，第2页。

④秦宗财、杨郑一：《论文化遗产创造性转化的逻辑与路径》，《中原文化研究》2019年第5期。

⑤项洁、翁稷安：《数位人文和历史研究》，载项洁编：《数位人文在历史学研究的应用》，中国台湾大学出版中心，2011年。

⑥李小燕、邢海虹、邵华、付恒阳：《蜀道历史地理信息系统研究价值及构建模式》，《陕西理工大学学报（社会科学版）》2018年第6期。

⑦鲍宁、赵寰熹：《地理信息系统在城市历史地理研究中的应用——以近代北京城市分区研究为例》，《文史天地（理论月刊）》2016年第8期。

⑧张萍：《丝绸之路历史地理信息系统建设的构想及其价值与意义》，《陕西师范大学学报（哲学社会科学版）》2016年第1期。

（作者单位：北京市文物局信息中心、北京市测绘设计研究院）